GAMS · BOARDS CUSTOM-MADE

Surfbretter selbst bauen
verbessern, verschönern

ANDREAS GAMS

Boards Custom-made

PIETSCH VERLAG STUTTGART

Einbandgestaltung: Siegfried Horn, unter Verwendung von 5 Fotos des Autors.

Weitere Fotos: Andreas Gams, Düsseldorf, in Zusammenarbeit mit Flamingo Windsurfing, Essen.

Cartoons: Günther Mücke, Düsseldorf.

ISBN 3-613-50050-7

Inhalt

Für all meine Freunde

Mit Dank an Norbert, Sibylle, Dirk, Günther, Susi, Andreas & Team und meinen Eltern.

1 Einleitung

Keine Angst vor Beulen!

Windsurfen – das erregende Freizeitvergnügen in Wasser, Wind und Sonnenschein hat sich etabliert. Vorbei ist die Zeit der Tüftler, die, belächelt von ihren Mitmenschen, verzweifelt versuchten, Segel auf ein bügelbrettähnliches, schwimmendes Etwas zu montieren und dabei baden gingen. Vorbei die Zeit der ersten Serienbretter, die Windsurfen dank ihrer technischen Mängel zur Tortur werden ließen. Heutzutage sind Material, Erfahrung und Surftechnik ausgereift; das Windsurfen ist in den letzten Jahren zum Volkssport für die ganze Familie geworden.

Doch mit wachsender Technik und Popularität stiegen auch die Ansprüche. Vor allem Regatten und der Wunsch nach Beherrschung der Meereswellen revolutionierten die Entwicklung des Materials. Die Bretter wurden kürzer, leichter, wendiger und – bunter. Denn die rapide Verbreitung des ursprünglich weißen Geräts jener Sportart, welche durch Individualität und Freiheit geprägt ist, verlangte nach Kreativität und Phantasie. Die Stunde des Custom-Made Surfboards war gekommen. Jetzt erst erfüllten sich die ursprünglichen Träume vom Spiel mit den Naturgewalten. Parallel zur Segeloptimierung standen dem Sportler auf einmal Boards zur Verfügung, die einerseits Windstärken von bis zu 10 Beaufort und Wellen von bis zu 5 Metern Höhe beherrschbar machen, andererseits konnte sich jeder mit seinem kleinen Meisterwerk an handwerklicher Kunst aus dem langweiligen Einerlei der Serienproduktion herausheben.

Wie aber kommt man an solch ein Custom-Made? Durch Anfertigung in einer Werft? Die hohen Kosten lassen diese Möglichkeit nur sehr wenigen zu. Also selbstbauen! Aber kann ich das denn? Brauche ich dafür keine Werkstatt, kein teueres Material? So oder ähnlich lauten die meisten Fragen von Selbstbauunerfahrenen. Dabei kann sich jeder bei etwas handwerklichem Geschick seinen eigenen exquisiten Prototyp selbst herstellen. Mehr als ein leerer Raum und eine Bohrmaschine werden dafür zunächst nicht benötigt. Surf-Freaks schwören ohnehin auf Selbstbauten. Nur mit ihnen erfahren sie die volle Identifikation zu ihrer Sportart.

Was das handwerkliche Geschick angeht, so ist die alte Angst vor der sogenannten »Beulenpest« unbegründet. Heute braucht niemand mehr der Gefahr zu erliegen, Bananenplanken zu produzieren, die statt Beachtung und Anerkennung, Hohn und Spott der Surf-Kollegen einbringen. Wenn Sie, lieber Leser, einen Nagel in die Wand schlagen können, mit der Bedienung einer Bohrmaschine vertraut sind und sich vor klebrigen Fingern nicht scheuen, sind Sie bereits prädestiniert in die Geheimnisse des Surfbrettbaus einzusteigen. Alle nötigen Anleitungen und Tips dazu erhalten Sie in diesem Buch, dessen Anliegen es sein soll, anhand eines Textteiles den Leser mit den theoretischen Grundlagen vertraut zu machen. Die verschiedenen erhältlichen Materialien werden genauestens beschrieben und unterschiedliche Techniken diskutiert. Langjährige Erfahrungen des Autors und befreundeter Shaper werden hier wiedergegeben. Die Vorgehensweise beim Brettbau sollte also wie folgt aussehen: 1. Studium der Theorie, 2. Bereitstellen des benötigten Materials und Handwerkszeugs, 3. Bauausführung anhand der Fotoreihe als Gedächtnisstütze.

Aus welchem Grund Sie, lieber Leser, sich nun entschieden haben, sich Ihr eigenes Custom-Made anzufertigen, ob Sie die Möglichkeiten des individuellen Shapes und Designs, die Vorzüge des leichteren und steiferen Materials, die Kostenersparnis oder die Herausforderung Ihrer eigenen handwerklich-künstlerischen Fähigkeiten fasziniert, seien Sie guten Mutes und überstürzen Sie nichts. Auch für den Surfbrettselbstbau gilt: »Gut Ding will Weile haben!« Wenn Sie sich genau an die Anweisungen halten, sollten Sie schon in einer Woche nach Baubeginn zu Ihrer ersten Jungfernfahrt unterwegs sein. Viel Spaß dabei!

Andreas Gams

10

2 Das Material

Was wird benötigt?

A) DIE WERKSTATT

Fast jeder leere, trockene Raum, ob Hobbykeller oder Garage, ist geeignet, zu einer privaten Custom-Made-Werft umfunktioniert zu werden. Einzige Voraussetzungen sind Helligkeit und gute Belüftung. Wird im Winter gebaut, so muß der Raum weiterhin beheizbar sein, da die Harze einer Verarbeitungs- und Aushärtetemperatur von mindestens 20°C bedürfen. Auch sollte man daran denken, daß beim Laminieren Gerüche entstehen, die empfindliche Nasen stören könnten. Das Rauchen ist während und mindestens drei Tage nach den Laminierarbeiten aus Explosionsgefahr strengstens untersagt. Generell sollten in der Werkstatt keine Speisen verzehrt oder gelagert werden, da sich Staub und Dämpfe auf den Lebensmitteln absetzen und so gesundheitsschädlich wirken könnten. Wird mit elektrischen Hilfsmitteln (Bohrmaschine, Winkelschleifer) gearbeitet, ist darüber hinaus auf mögliche Lärmbelästigung zu achten. Dies trifft vor allem zu, wenn letzte Schleifarbeiten bei herrlichem Sonnenschein und ausgeprägter Vorfreude auf die anstehende Jungfernfahrt im Freien vorgenommen werden.

Harzflecken auf dem Boden vermeidet man durch das Auslegen einer Plastikfolie von mindestens 1 mm Stärke aus dem Malerbedarf. Dünnere Folien sind unbrauchbar, da sie schnell zerreißen.

Als optimale Auflage für den Blank hat sich ein Gestell erwiesen, das sehr leicht und kostengünstig aus Holz gefertigt werden kann. Hierzu befestigt man jeweils eine u-förmige Halterung auf zwei Ständern, so daß eine sowohl hochkante wie auch waagerechte Bearbeitung des Boards möglich wird. Die Halterungen werden aus einem etwa 2 cm starken Stück harten Holzes (Tisch-

platte) ausgesägt und mit Schaumstoff oder alten Lappen ummantelt, um Beschädigungen des Blanks zu vermeiden. Besten Halt bei
Arbeiten am hochkanten Board erzielt man, wenn man einen
Streifen festen Gurtbandes oder Teppichbodens von etwa 8–10 cm
Breite diagonal in dem u-förmigen Teil der Halterung befestigt
(entweder kleben oder nageln). Die Arbeitshöhe am aufliegenden
Brett sollte je nach Körpergröße etwa 50–60 cm betragen. Natürlich können die Halterungen auch aus 2–3 cm starkem Leichtme-
tallrohr gefertigt sein, das man sich in einer Schlosserei entspre-
chend zurecht biegen lassen kann, falls man nicht selbst über ein
Schweißgerät verfügt.

Um Ordnung in Handwerkszeug und Baumaterial zu halten, ist
es ratsam, in einer Ecke des Raumes einen kleinen Tisch aufzustel-
len, auf dem alle benötigten Teile Platz finden.

Reicht die natürliche Beleuchtung nicht aus, so ist eine elektrische Lampe, genau über der Arbeitsstelle angebracht, am zweck-
dienlichsten. Kann eine zweite Lampe so eingerichtet werden, daß
sie von schräg oben auf das Brett strahlt, lassen sich auch störende
Schatten beim Überbeugen auf das Board ausschließen. Gaslam-
pen sind ebenfalls wie das Rauchen während und nach Laminierarbeiten strikt verboten. Als letztes sollte noch für einen Stroman-
schluß (220 Volt, 16 Ampere) für elektrische Bohr- und Schleifarbeiten gesorgt werden.

B) DAS HANDWERKSZEUG

Grundsätzlich werden zum Shapen ein Bleistift, ein Lineal und
eine der Boardlänge entsprechende Schnur zum Anzeichnen benötigt. Für Outline und Stringer ist ein Fuchsschwanz und eine
Rasierklinge bereitzuhalten. Schleifpapier von grob bis fein und
ein Surfoamhobel sind in jedem Heimwerkerbedarf erhältlich. Der
Surfoamhobel sollte mittlerer Größe sein und kostet etwa 20 DM.

12

Zum Shapen konkaver Flächen wird ein weicher Schwamm und für runde Rails Bandschleifpapier gebraucht.

Beim Airbrush sind Tape und Folien (oder alte Zeitungen) unverzichtbar. Graphikpistole und Kompressor sollte sich auf Grund der hohen Kosten (300–400 DM) nur derjenige anschaffen, für den sich diese Ausgaben auch in Zukunft lohnen werden. Im Normalfall wird das Design aber mit der Spraydose aufgebracht.

Während des Laminierens werden mindestens 10 Plastikbecher zum Anrühren der Harze, mindestens 5 cm breites Tape zum Abkleben, eine Schere zum Zurechtschneiden des Gewebes, ein lösungsmittelbeständiger Pinsel von 5–7 cm Breite und last not least ein Squeegee gebraucht. Der Squeegee ist ein ca. 15 cm breiter Gummispachtel zur Harzverteilung, mit dem insbesondere die Rails optimal mit Harz getränkt werden können. Plastik- oder Gummihandschuhe schützen vor klebrigen Fingern. Viele Surfbrettbauer arbeiten aber lieber mit den bloßen Händen, weil sie sich so ihr Fingerspitzengefühl bewahren.

Das Einbauen der Inserts bedarf darüber hinaus eines scharfen Messers (besser hier ein Teppichmesser (ca. 3–5 DM)), eines Schnittmessers und eines rechten Winkels. Die Löcher für Fußschlaufendübel werden mit einem entsprechenden Bohrer (meist 10 mm) ausgebohrt und die Schlaufen mit einem Schraubenzieher angeschraubt.

Für alle Schleifarbeiten sind wiederum der Surfoamhobel, Schleifpapier in 60er, 80er, 120er, 240er und 400er Körnung und ein Schleifklotz aus Kork zurechtzulegen. Die feineren Schleifpapiere sollten wasserfest sein, um eine schnelle Abnutzung auszuschließen. Beste Schleifergebnisse erhält man mit einer elektrischen Bohrmaschine mit Schleifaufsatz und individuell einstellbarer Drehzahl. Schneller geht es zwar mit einem speziellen Winkelschleifer, doch ist sein Einsatz nur etwas für erfahrene Heimwerker. Der Ungeübte läuft schnell Gefahr auf Grund der höheren Drehzahl, mit einem Winkelschleifer sein Board zu zerstören.

Generell ist beim Shapen und Schleifen ein Atemschutz zu

empfehlen. Einfache Fließhauben für weniger als 1 DM, der Art wie sie Mediziner tragen, reichen vollkommen aus. Zum Laminieren ist kein spezieller Atemschutz erforderlich, vorausgesetzt, der Arbeitsraum ist gut belüftet und man betreibt den Surfboard-Bau nicht professionell. Auf mögliche und unmögliche Gesundheitsrisiken bei der Verwendung bestimmter Chemikalien wird aber im nächsten Abschnitt noch genauer eingegangen.

Bevor Sie, lieber Leser, nun losgehen und sich fehlendes Arbeitsgerät zulegen, vergleichen Sie unbedingt vorher die Angebote der verschiedenen Anbieter. Oft variieren die Preise sehr stark. Bei einigen Custom-Versand-Firmen beinhalten Komplettbausätze ohnehin fast alle Kleinteile wie Schleifpapier, Harzbecher und Squeegee.

C) DIE ROHSTOFFE

Das Angebot der Rohstoffe auf dem Custom-Made Sektor ist umfangreich. Dennoch haben sich in der Praxis zwei Hauptproduktionsweisen herauskristallisiert: Das Arbeiten mit Polyurethan-Kern und Polyesterharz, bzw. mit Styropor- (Styrofoam) Kern und Epoxyd-Harz, erweist sich eindeutig als schneller, kostengünstiger und einfacher als alle anderen Verfahren, wie z.B. die Spantenbauweise aus Holz oder das Laminieren mit UV-Licht-reagierenden Harzen.

Welche Kerne und Harze sind aber zu empfehlen? Beginnen wir mit den Kernen: Polyurethan- (PU) Blanks sind von bestechender Weiße und Steife. Ihre Außenhäute weisen eine Dichte von bis zu 80 kg pro m^3 auf, die sich aber bis in den Kern auf 25 kg pro m^3 verringern kann. Sie sind lösungsmittelbeständig und daher mit dem billigeren und UV-stabilen Polyesterharz zu verarbeiten. Da sie aber über keine gleichbleibende Druckfestigkeit verfügen, können sich Schwierigkeiten beim Shapen ergeben. Während für die obersten Blankschichten oft ein Elektrohobel zu Hilfe genommen werden muß, um überhaupt einigermaßen zufriedenstellende Schleifergebnisse zu erzielen, ist der Blank-Kern so weich, daß man schnell zu viel abschleift. Vor allem im Heckbereich, wenn dieser flach (etwa 4 cm dünn) geschliffen werden soll, können Mängel in der Belastungsfähigkeit auftreten, welche nur durch zusätzliche Glasfaserverstärkungen ausgeglichen werden können, die ihrerseits zu einer Gewichtszunahme des Boards führen. Ob PU-Blanks aus Deutschland, den USA oder aus Australien stammen, ist im Prinzip egal, sie unterscheiden sich eigentlich nur durch ihren Preis. Beim Kauf sollte man sich ihre Lunkerfreiheit bestätigen lassen. Lunkerfrei ist ein Kern, wenn er keine beim Härten des Schaums entstandenen Hohlräume aufweist.

Australien ist das Ursprungsland von Phenolic-Blanks. Wie der Hersteller betont, ist Phenolic wasserabweisend und besitzt eine einheitliche Druckfestigkeit. Sein Preis liegt deutlich über dem anderer Produkte und sein Einsatz ist deshalb nur bedingt empfehlenswert.

Styrofoam, eine modifizierte lunkerfreie Spielart von Styropor, nimmt praktisch auch kein Wasser auf (0,4 Vol. %), da es sich um ein geschlossenzelliges Styropormaterial handelt. Es ist inzwischen in blütenweißen Ausführungen lieferbar und erweist sich ebenfalls vom Kern bis zur Außenschicht druckfest. Da es durch Lösungsmittel zersetzt wird, kann Styrofoam nur mit Epoxydharz laminiert werden.

Die billigste Kernvariante stellt gewöhnliches Styropor dar, das oft unter der Bezeichnung EPS angeboten wird. Es läßt sich jedoch auf Grund seiner groben Zellstruktur nicht so gut shapen wie andere Schäume und zieht bei Havarien Wasser wie ein trockener Schwamm (bis zu 8 Vol. %). Styropor findet deshalb nur in der industriellen Verarbeitung Beachtung, bei der Blanks in Formen geschäumt werden und später mit unempfindlicheren Außenhäuten (ASA etc.) ummantelt werden.

Darüber hinaus gibt es eine Vielzahl von Produkten, die für

Surfbrettselbstbauer nur unter gewissen Umständen von Interesse sein dürften. Hierzu zählen die braune Ausführung von Polyurethan und die blaue von Styrofoam. Sie sind wesentlich billiger als ihre weißen Equivalente, lassen aber wegen ihrer Färbung kein Airbrush auf dem Schaum zu. Bei Boards mit Kernen dieser Art muß das Design vielmehr auf das Laminat aufgebracht werden, was kein besonders ansprechendes Resultat liefert. Vor allem die der Hinterglasmalerei ähnliche Tiefenwirkung von Unterlaminat-Designs kann bei farbigen Schäumen nicht realisiert werden.

Für welchen Schaum man sich letztendlich auch entscheiden mag, ein Blank sollte grundsätzlich gestringert sein, d. h. er muß eine durchgehende, senkrecht in den Kern eingeklebte und parallel zur Bug-Heck Linie verlaufende Verstärkung besitzen. Optimal sind Stringer aus ca. 1 cm starkem Sperrholz, wogegen Aluminiumstringer ungeeignet sind, da sie nicht zu shapen und nur äußerst kompliziert zurechtzuschneiden sind. Ein Doppelstringer ist prinzipiell empfehlenswerter als ein einfacher in der Boardmitte. Zwar kann ein Monostringer die Produktion zweier genau symmetrischer Boardhälften erleichtern, seine Belastbarkeit liegt aber deutlich unter der einer doppelten Variante. Sie nimmt sogar noch ab, wenn beim Einbau einer Mastfußschiene oder eines Mittelfinnenfundaments der Stringer zersägt werden muß.

Der Abstand der beiden Sperrholzleisten eines Doppelstringers sollte ca. 10 cm betragen. Oft wird geraten, einen Abstand von nur 3 cm zu wählen, da dies der Breite der meisten handelsüblichen Finnenkästen entspricht, die somit genau zwischen die beiden Doppelstringerhälften einlaminiert werden können. Die Befürworter der 3-cm-Stringer loben das einfachere Ausschneiden der Fundamentaussparungen und die bessere seitliche Stabilität der Einbauten. Es muß allerdings darauf hingewiesen werden, daß eine Klebeverbindung aus Sperrholz, Harz und Insert (meist aus ABS) nicht so stark ist wie zwischen Schaum, Harz, Glasgewebe und Insert bei breiteren Doppelstringern. Stringer aus drei, vier oder noch mehr Teilen können getrost außer acht gelassen werden, da die Stabilität von Brettern mit Doppelstringern bereits ausreicht. Außerdem bleiben Stringer bei Unterlaminat-Designs sichtbar, was zu Design-Problemen führen kann. Lassen sich zwei Streifen noch gut ins Gesamt-Design integrieren, wirken Stringer mit mehr Teilen in der Regel störend.

Die Unterschiede zwischen Polyester- und Epoxydharzen sind enorm. Polyesterharz ist fast um die Hälfte billiger und nahezu UV-stabil, d.h. es vergilbt nicht mit der Zeit. Seine Topfzeit (die Zeit, während der das Harz in einem Topf nicht aufkocht bzw. geliert) beträgt etwa 20 Minuten, was den Ungeübten zu unnötiger Eile beim Laminieren zwingen kann. Epoxydharz dagegen ist nicht UV-stabil. Es verfügt über eine Topfzeit von ca. 50 Minuten und bedarf eines peinlich genauen Mischungsverhältnisses zwischen Harzbestandteil und Härter. Die Lufttemperatur muß bei seiner Verarbeitung unbedingt über 20° liegen, da Epoxydharz sonst nicht aushärtet. Weil es im Gegensatz zu Polyesterharz keine Lösungsmittel enthält, kann es in Verbindung mit Styrofoam benutzt werden.

Im ausgetrockneten Zustand weist Epoxydharz eine höhere Elastizität auf als Polyesterharz. Kleine »Macken« am beanspruchten Board, bedingt durch abgeplatzte, spröde Harzteile, kommen bei Epoxyboards nicht vor.

In letzter Zeit wurde öfters auf Messen ein Harz vorgestellt, das erst nach Bescheinen mit UV-Licht härtet. Es verspricht den Vorteil einer nahezu unbegrenzten Topfzeit, doch die Nachteile in seiner Anwendung überwiegen, sodaß es nicht empfohlen werden kann. Denn zum einen ist der Einkaufspreis des Harzes wesentlich höher als der von Polyester- und Epoxydharzen, zum anderen werden zu seiner Härtung spezielle UV-Lampen benötigt, die ihrerseits erst einmal angeschafft werden müssen. Darüber hinaus ist das Aushärten nicht unproblematisch, denn Lampen werfen Schatten und garantieren somit keinen gleichmäßigen und vollständigen Härtungsprozeß. Luft, Reaktionsbasis von Epoxyd- und Polyesterharz, hingegen umschließt einen Körper hundertprozentig und gewährt somit eine sicherere und einfachere Arbeitsweise.

Zum Thema Gesundheitsrisiken ist grundsätzlich zu sagen, daß die Hinweise der Hersteller auf den Produkten bezüglich der Verarbeitungsvorschriften strengstens einzuhalten sind. Doch dies ist bei allen Chemikalien so, schließlich sogar bei Medikamenten. Weiterreichende Gefahren sind nicht zu befürchten, weder bei Polyester noch bei Epoxyd. Keines der beiden wirkt krebserregend, gelegentlich können aber bestimmte Stoffe, so auch Harze, Allergien verursachen. Empfindliche Menschen schützen sich daher während des Laminierens sicher vor eventuellen allergischen Reaktionen durch das Tragen von Plastikhandschuhen. Selbst wer beabsichtigt in Zukunft Surfbretter en masse zu produzieren, kann beruhigt sein: Er geht kein Risiko ein, denn die Verwendung der beschriebenen Harze ist nicht schädlicher als das Lackieren einer Tür oder eines Fensters.

Glasgewebe zum Laminieren variieren in ihrer Qualität und ihrem Preis stärker als Kerne und Harze. Sie müssen UV-Stabilität aufweisen, bei der Trocknung durchsichtig werden und unbedingt leicht und fest sein. Je leichter und fester, desto besser! Fasern von 165 Gramm pro m² (dreilagig) und 200 Gramm pro m² Gewicht (zweilagig) finden die häufigste Verwendung. Sind die Gewebe gezwirnt, d.h. die einzelnen Fasern sind in sich gedreht, kann man die Gewebelagen in einem einzigen Laminiervorgang verarbeiten; sind sie es nicht, so muß in der Regel in mehreren Arbeitsgängen nacheinander »naß-in-naß« laminiert werden, was zeitaufwendiger, umständlicher und unnötig ist. Auch kann diese Methode nur von mindestens zwei Personen ausgeführt werden, da andernfalls kein faltenfreies Auflegen der Gewebe auf den nassen Blank möglich ist.

Bestimmte Glasgewebe (vor allem aus den USA), deren Hersteller auf eine besonders hohe Festigkeit und Transparenz hinweisen, konnten in wissenschaftlichen Tests die in sie gesetzten Erwartungen nicht erfüllen. Von ihrem Kauf ist also abzuraten, soll der

18

Geldbeutel nicht unnötig strapaziert werden.

Durchaus sind Kohle- und Kevlarfasern in Erwägung zu ziehen. Sie zeichnen sich nämlich nachweislich durch wesentlich höhere Festigkeit aus. Ihre Nachteile liegen neben dem bis zu siebenmal höheren Preis darin, daß sie nicht transparent sind (ein Airbrush auf dem Blank ist somit nicht möglich) und nur schwer zurechtzuschneiden. Wenn man also nicht gerade die Eigenart besitzt, sein Surfbrett öfters vom Autodach zu werfen, kann man auf Kohle- und Kevlarfasern verzichten.

Handwerkszeug zum Shapen. ▷

20

◁ Eine Halterung für das Board ist leicht
aus Holz anzufertigen.

3 Wo kauft man ein?

Clark Foam per Versand?

Wer sich in der glücklichen Lage befindet, nahe eines Custom-Made Händlers zu wohnen, wird keine Schwierigkeiten haben, sich sein entsprechendes Material zu beschaffen. Die Beratung in den Geschäften ist durchweg sehr gut; oft haben die Verkäufer sogar selbst Erfahrung im Surfbrettbau und geben ihren Kunden gern Tips bzgl. Materialauswahl und -verarbeitung. Ist man bei der Materialbeschaffung auf einen Custom-Made Versand angewiesen, ist eine Skepsis gegenüber dieser Art des Einkaufs genauso natürlich wie unbegründet. Denn wenn man sich die Kataloge der verschiedenen Anbieter zuschicken läßt und diese genau studiert, sind Preis- und Qualitätsvergleiche kein Problem. Unbedingt verglichen werden sollten die Liefer- und Geschäftsbedingungen, damit in einem Schadensfall der Käufer keine bösen Überraschungen zu erwarten hat. Grundsätzlich gelten auch für Versandfirmen die Garantiebestimmungen des BGB (Bürgerliches Gesetzbuch), nach denen der Produzent 6 Monate lang für sein Produkt Gewähr leisten muß. Transportschäden hat auf keinen Fall der Kunde zu tragen, sondern der Händler! Eine besondere Transportversicherung, wie sie zum Teil angeboten wird, ist daher überflüssig. Prinzipiell sollten Sie dabei bedenken, daß diese Firmen ihr Geschäft mit dem Versandvertrieb professionell betreiben. Ihnen ist also viel an einem guten Ruf und an einer reibungslosen Verkaufsabwicklung gelegen. Deshalb sind die Materialien in der Regel so gut und gewissenhaft verpackt, daß eigentlich alles zur Zufriedenheit des Kunden seinen Empfänger erreichen sollte. Ich möchte Ihnen die kleine Geschichte nicht vorenthalten, als ich – ich wollte mir damals gerade einen neuen Sinker für die Nordseebrandung bauen – einen Kit bei einer Versandfirma in Hannover bestellt hatte. Als ich den Karton mit den Harzen und Kleinteilen auspackte, fand ich unter allen Einzelteilen und Bergen von Verpackungsmaterial einen kleinen Plastikbeutel mit zwei Schokoriegeln. Ein »Mars«, offensichtlich zur Stärkung vor der anstehenden Arbeit, und ein »Bounty« als Assoziation von Sonne, Strand, Südsee. Natürlich sagt diese kleine Beigabe noch nichts über die Qualität der Custom-Made Produkte aus, doch mag sie bezeichnend sein für die Bemühungen der Händler um eine zufriedene Kundschaft.

Es gibt Händler die bieten ihren Kunden vor- oder teilgefertigte Blanks. Es handelt sich hierbei um Kerne, die bereits eine Outline besitzen oder schon laminierfertig verschliffen sind. Dies ist ein Service für Selbstbauer, die sich eventuell erst langsam an die Techniken heranwagen und von dem Können der Profis profitieren wollen. Spielt man mit dem Gedanken auf ein derartiges Angebot zurückzugreifen, hat man mit Design, Laminat und Inserteinbau noch genügend Möglichkeiten sein handwerkliches Geschick unter Beweis zu stellen. Allerdings müssen Mehrkosten berücksichtigt werden, die einen Kit schnell doppelt so teuer werden lassen. Selbstbauneulingen, die sich für ein ausgefallenes und schwer zu realisierendes Unterwasserschiff interessieren (mehrfach konkav, Channels), können sich dies bei der Firma Schley in Hannover auch speziell für ca. 100 DM anfertigen lassen und den Rest des Blanks selber shapen.

In der Praxis werden Kits, je nach Entfernung, mit der Bundespost, der Bundesbahn oder mit einem kommerziellen Paketdienst verschickt und treffen meist nach drei bis vier Tagen beim Kunden ein. Die ordnungsgemäße und schadensfreie Zustellung bzw. Auslieferung darf erst nach deren Kontrolle auf dem Lieferschein quittiert werden. Auch wenn sich der Lieferant in Zeitdruck befindet und Sie zur Unterschrift drängt, kontrollieren Sie die Ware bevor Sie etwas unterschreiben oder bezahlen! Dies ist Ihr gutes Recht.

So erhalten Sie Ihren Blank per Bahnfracht.

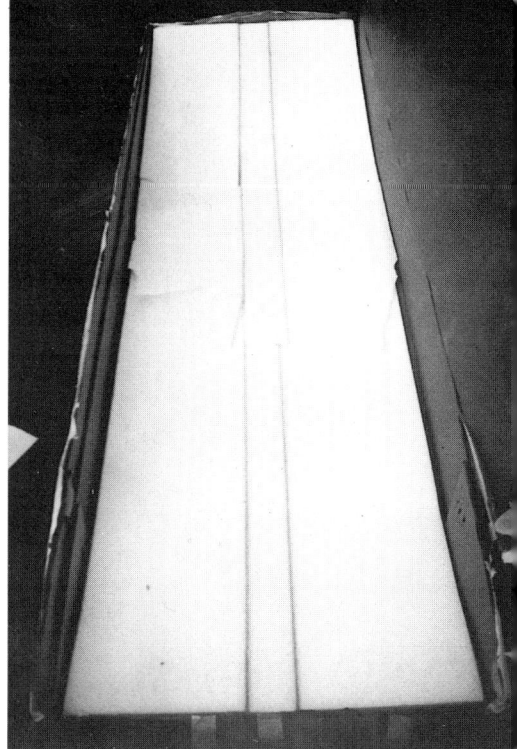

Optimaler Schutz beim Blankver-sand. Eine spezielle Transportversi-cherung ist in der Regel nicht not-wendig.

25

4 Der Shape

Vom Rohling bis zum fein verschliffenen Blank

A) DIE BOARDFORM

Das markanteste Merkmal eines jeden selbstgefertigten Surf-
bretts ist neben dem Design seine individuelle Form. Weil diese
unmittelbar die Fahreigenschaften des Boards bedingt, ist es not-
wendig, sich genau darüber im Klaren zu sein, welches Brett man
sich bauen möchte. Soll es ein Sinker der 250 cm Klasse für
Starkwind und Meeresbrandung sein oder ein Euro-Funboard von
3 m Länge für den Binnensee? Vielleicht wollen Sie sich aber auch
aktiv an Funboard-Regatten beteiligen und wünschen ein Race-
board mit Schwert und guten Kreuzeigenschaften. Die Palette der
verschiedenen Boardtypen ist überaus reichhaltig und kaum zu
überschauen. Es lassen sich aber einige Grundformen unterscheiden, die ich Ihnen nun vorstellen möchte, wobei ich mit den
diversen Heckformen beginne.

Pintails zeichnen sich durch hervorragende Manövereigenschaf-
ten aus. Deshalb eignen sie sich besonders zum Slalomfahren.
Beim Springen über Wellen bieten sie dagegen oft zuwenig
Abdruckfläche. Reine Pintails sind deswegen eher dem Binnenre-
viersurfer zu empfehlen. In ihrer Weiterentwicklung, der Gun,
werden sie auch zum Speedfahren verwendet.

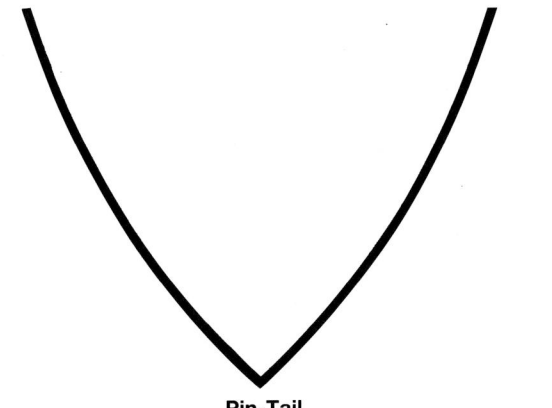

Pin-Tail

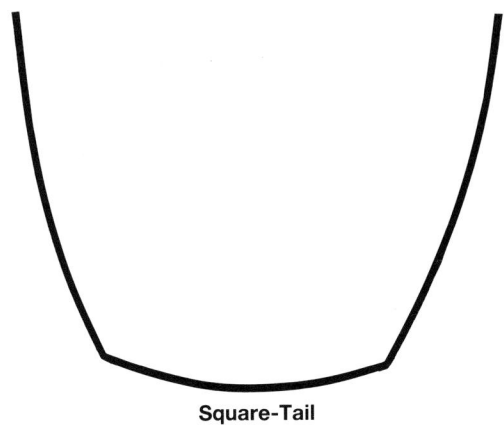

Square-Tail

Square-Tails und Rounded-Tails sind die Urheckformen. Sie bieten Stabilität und sind beim Wellenspringen nicht zu überbieten. Je nach tatsächlicher Heckbreite erreichen aber Boards mit diesen Heckformen nicht die Geschwindigkeit und Wendigkeit von Pintails.

Swallow-Tails sind aus dem Bedürfnis entstanden, die Vorteile von Pin- und Square-Tails zu kombinieren. Ihre Eigenschaft, gerade soviel Heckfläche zu besitzen, wie zum Springen nötig ist,

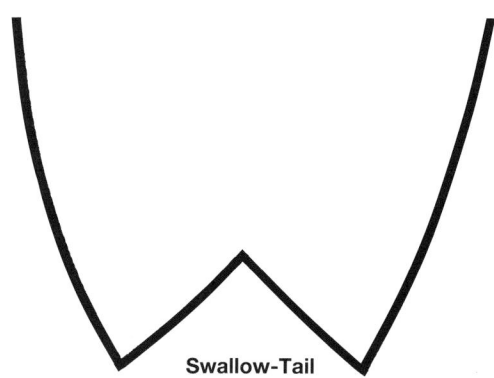

Swallow-Tail

ohne dabei spürbare Geschwindigkeitsverluste hinnehmen zu müssen, macht sie zu meiner favorisierten Boardform. Hinzu kommen die phantastischen Slalomeigenschaften, die denen der Pintails ähnlich sind. Sie sind auf die Einkerbung in der Heckmitte zurückzuführen, die bewirkt, daß sich das Brett bei Manövern, also im gekippten Zustand, nur mit einer Hälfte des Hecks in das Wasser einschneidet und somit zum Pintail wird.

Boards mit asymmetrischen Heckformen sind für ganz bestimmte Surfreviere mit immer gleichbleibenden Wind- und Wellenverhältnissen konzipiert. Solche Reviere findet man z.B. in Hawaii oder anderen tropischen und subtropischen Gebieten. In unseren Breitengraden erregen »Asymmetrics« allenfalls Aufsehen. Verwendung finden sie dagegen kaum. Ganz neu sind »Flexi-Tails«. Diese Doppeldecker versprechen frühes Angleiten und gute Speedeigenschaften. Für den Laien sind sie kaum zu shapen und auch Profis haben ihre Schwierigkeiten, Flexi-Tails zu realisieren. Da sie außerdem sehr empfindlich sind, kann ich nur von ihnen abraten.

Andere Heckformen, wie z.B. Diamond-Tails oder Schraubenzieherhecks, können unter gewissen Umständen von Interesse sein. Sie unterscheiden sich aber nicht grundlegend von den hier beschriebenen Formen und sind als spezielle Varianten der Grund-

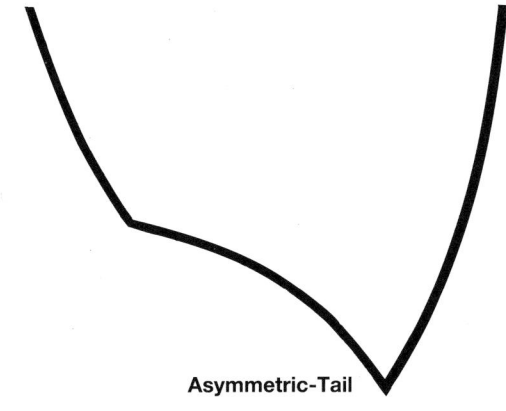

Asymmetric-Tail

29

Flexi-Tail

formen zu betrachten. Wir können sie deshalb außer Betracht lassen, und uns nun dem Unterwasserschiff zuwenden.

Die beiden wichtigen Bereiche eines jeden Unterwasserschiffs sind Angleitzone und Gleitzone. Der Bugbereich ist nur von besonderer Bedeutung bei Boards, die bei Schwachwind gefahren werden, da in diesem Fall das gesamte Brett im Wasser schwimmt. Weil dies bei Funboards kaum der Fall ist, sei hier der Bug vernachlässigt. Im Grunde gelten aber für ihn die gleichen Merkmale wie für die Angleitzone, also den Brettbereich, der von Wasser benetzt wird, bevor das Brett ins Gleiten kommt. Seine Form bedingt die Geschwindigkeit bei drei bis vier Beaufort und das Anspringen des Surfboards, d. h. es ist verantwortlich für die Zeitdauer, die ein Brett benötigt um in den Gleitzustand zu gelangen. Der Gleitzustand wiederum ist der Zustand, in dem der dynamische Auftrieb des Boards größer ist als der statische. Doch zurück zu den Formen.

Man unterscheidet im Angleitbereich hauptsächlich zwischen gerundeten (konvexe) und konkaven Formen. Konkave Unterwasserschiffe bieten mehr dynamischen Auftrieb als runde und setzen daher den Einsatzbereich des Boards um etwa ein Beaufort herab. In Binnenrevieren mag dies ein willkommener Effekt sein, in Küstengebieten mit Starkwindcharakter schränkt er aber auch die Verwendbarkeit nach oben ein. Mono-, doppel- oder gar mehrfachkonkave Formen sind schwerer zu shapen, aber mit etwas Feingefühl auch von Anfängern zu realisieren. Sie sind zudem kippstabiler als runde und einige Tüftler bevorzugen sie auch auf Grund ihrer besseren Speedeigenschaften. Kürzere Bretter sollten auf jeden Fall ein abgeschwächtes Konkav-Profil erhalten, um ihre extreme Drehfreudigkeit nicht einzuschränken.

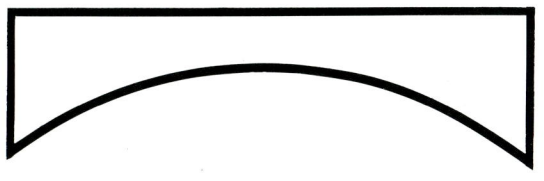

**Konkaves
Unterwasser-
schiff**

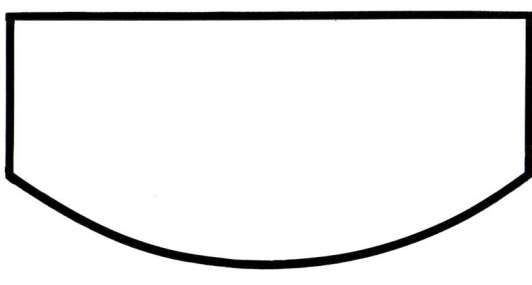

**Konvexes
bzw. rundes
Unterwasser-
schiff**

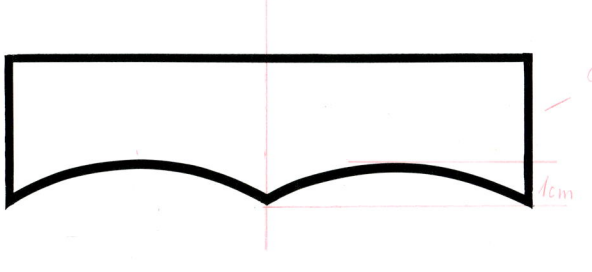

ca. dem tief
möglichst nah zu. Mitte

1cm

**Doppel-
konkaves
Unterwasser-
schiff**

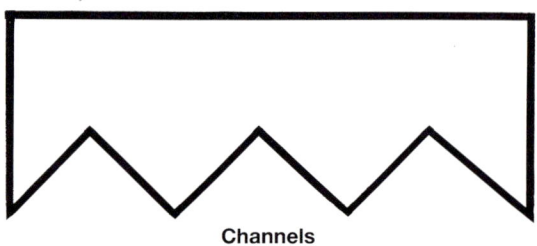

Channels

Die Gleitzone, etwa das letzte Drittel des Boards, ist die wichtigste der drei Unterwasserschiffzonen. Nur sie hat in der Gleitphase Wasserkontakt. Für die Gleitzone werden heutzutage meist V-Formen oder gerade Formen mit sogenannten Channels bevorzugt. Diese Channels sind Einkerbungen, die den Wasserablauf verbessern und optimale Fahr- und Speedeigenschaften bewirken sollen. Ihre Herstellung ist äußerst kompliziert und Fachleuten vorbehalten, da kleinste Shapefehler die Wirkung der Channels aufheben.

Ein V optimiert die Wendigkeit des Bretts, da die Outline mehr Aufbiegung erhält und der Wasserablauf nach oben offener wird. Vorausgesetzt, es ist nicht derart stark ausgeprägt, daß es die Gleiteigenschaften beeinträchtigt, darf dies getrost als das optimalste Profil angesehen werden. So ausgelegt, daß das Oberflächenniveau des Unterwasserschiffs von der Boardmitte zu den Rails 1 cm abnimmt, ist es hervorragend kombinierbar mit doppelkonkaven Formen. Nicht selten sieht man daher Unterwasserschiffe, die

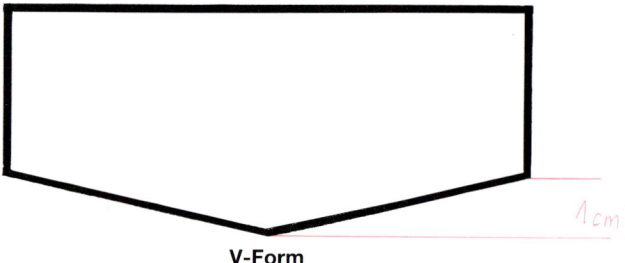

1 cm

V-Form

32

vom Bug bis zum Heck einheitlich doppelkonkav und mit einem V versehen geschliffen werden.

Gerade bzw. ebene Heckformen ohne Modifikationen sind heute kaum noch vorzufinden.

Scoop und Rocker, die Aufbiegungen des Boards an Bug und Heck, sind maßgeblich für die Geschwindigkeit des Bretts verantwortlich. 20 cm Scoop, je nach Länge des Boards kann man um einige Zentimeter variieren, sollte ein Blank schon haben, denn ist der Scoop zu flach, neigt das Board zum Unterschneiden. Ist er dagegen größer, wird das Brett durch Wellen unangenehm abgebremst.

Im Gegensatz zum Scoop ist ein Rocker nicht unbedingt erforderlich. Er verbessert vor allem die Wendigkeit, da sich die Gleitzone noch mehr verkleinern kann. Dies hat aber den Nebeneffekt, daß das Board erst später anspringt und der Einsatzbereich um ca. ein Beaufort nach oben verlagert wird.

Für den Normalbedarf sind zusätzlich Winger zu empfehlen. Diese kleinen seitlichen »Zacken« im One-foot-off-Bereich krallen sich beim Kurvenfahren ins Wasser und geben guten seitlichen Halt. Ob man Mono- oder Doppelwinger bevorzugt, ist Ansichtssache. Wichtig nur ist ihre messerscharfe Anfertigung und ihre richtige Positionierung, denn sonst sind Winger völlig nutzlos.

Viele Laien nennen den Boardbug Brettspitze, worüber Freaks leise lächeln mögen. Ich finde diese Bezeichnung aber gar nicht so unfachmännisch. Erinnert sie uns doch zumindest an die Art, wie ein moderner Bug geshaped sein sollte: spitz! Dies ermöglicht nämlich einerseits ein faltenfreies Laminieren, andererseits ein besseres Eintauchen in Wellen. Darüberhinaus scheint mir vom Standpunkt der Ästhetik betrachtet, eine spitze Bugform die einzig adäquate zu sein.

Die Boardoberfläche sollte so eben wie möglich sein. Jeder Zentimeter überflüssiger Rumpf macht das Board schwerer und kippeliger. Humps, wie man sie Ende der siebziger Jahre noch oft sah, erschweren dazu den Stand auf dem Brett. Etwa 4 cm Stärke im Heckbereich (Vorsicht beim Einbau von tieferen Finnenkästen!) bieten ausreichend Stabilität, aber auch 7 bis 8 cm Heck sind noch akzeptabel.

Die Länge eines Brettes sollte nach individuellen Voraussetzungen gewählt werden. Es müssen auf jeden Fall Körpergewicht und Fahrkönnen des Surfers sowie der gewünschte Verwendungsbereich berücksichtigt werden. Wer bisher nur Surf-Erfahrungen im Schwachwindbereich auf großvolumigen Brettern gesammelt hat und erst ins Funboardsurfen einsteigen will, sollte sich für ein Board der 330 cm Klasse entscheiden, wogegen der fortgeschrittene Funboardfahrer bis zu einer Boardlänge heruntergehen kann, bei der es ihm gerade noch möglich ist, mittels der Aufholschot zu starten. Dies kann je nach Körpergewicht eine Länge zwischen 285 cm und 310 cm sein. Wer nicht mindestens acht von zehn Halsen bei Windstärken von vier und mehr Beaufort steht und den Wasserstart nicht perfekt beherrscht, muß daran denken, daß er sich bei der Benutzung eines Sinkers unter 280 cm in akuter Lebensgefahr befindet! Auch sind Sinker in Binnenrevieren auf Grund der bei uns überwiegend mäßigen Windverhältnisse nur selten einzusetzen. Ein erfahrener Starkwindfan allerdings, der sich über mangelnden Wind nicht zu beklagen hat, kann gerade an einem Sinker viel Freude finden. Auch ist demjenigen zu einer kürzeren Brettlänge zu raten, der vom handwerklichen Zauber eines Custom-Mades begeistert ist, und sich sein Board an die Wohnzimmerwand hängen möchte. Ihm sei gesagt, je kürzer das Brett, desto weniger Material wird benötigt. Je weniger Material, desto geringer sind die Herstellungskosten!

Gunpiloten sind bestens mit Boardlängen um 3 Meter bedient (285 cm bis 330 cm), während Fans der immer mehr Zuspruch findenden Raceboards eine Boardlänge von 360 cm bis 380 cm ins Auge fassen sollten. Überhaupt sind Raceboards trotz der höheren Produktionskosten allen zu empfehlen, die öfters auch mal bei Schwachwind surfen und dann nicht unbedingt auf ein anderes, zweites Brett umsteigen wollen. Mit diesem relativ neuen Boardtyp ist auch unter 4 Beaufort der »Fun« mit einprogrammiert. Sind Sie, lieber Leser, aber vielleicht das Alleine-Surfen satt und suchen Gesellschaft auf dem Surfbrett, rate ich beim Bau eines Tandems zu einer Brettlänge von maximal 5 Metern. Dies ist nämlich die Länge eines Surfboards, das sie gerade noch auf dem Dach unserer gängigen Autotypen transportieren dürfen. Für kürzere Tandems gilt im übrigen das für Sinker Gesagte.

B) DAS AUSSÄGEN DES BLANKS

Es wird also endlich Ernst, lieber Leser! Wir beginnen mit der Arbeit. Als erstes müssen Scoop und Rocker mit einer langen Latte eingemessen werden, die auf der nach oben zeigenden Boardunterseite aufgelegt wird. Ist der Blank länger als das gewünschte Brett, hat man genügend Spielraum, die Brettform entweder weiter nach vorne (mehr Scoop) oder weiter nach hinten (weniger Scoop) zu verlegen. Danach wird die Outline auf die Blankunterseite aufgezeichnet, indem man mit einem Bleistift die klassischen Punkte des One-foot-off-Bereichs (30,5 cm von Bug bzw. Heck entfernt), des Wide Points (breiteste Stelle des Bretts), der Boardmitte und gegebenenfalls auch der Winger markiert. Anschließend werden ca. alle 20 cm die weiteren Abstände der Outline, immer von der Boardmitte aus gemessen, aufgezeichnet. An diesen Punkten können entweder geeignete Schablonen oder eine lange Segellatte angelegt werden, entlang derer mit dem Bleistift die Outline entsteht. Eine vom halben Brett angefertigte Schablone kann nun an der Boardmitte umgeklappt, und die Outline von der einen Boardhälfte auf die andere »gespiegelt« werden. Dies garantiert absolute Brettsymmetrie. Die Boardmittellinie läßt sich übrigens leicht finden, wenn man eine eingekreidete Kordel zwischen Bug und Heck spannt und auf den Blank auflegt.

Alsdann kann mit einem steifen und mit Graphitöl behandelten Fuchsschwanz die Outline bis auf max. 2 mm ausgeschnitten werden. Dabei ist der Fuchsschwanz absolut senkrecht zu halten. Mit einem Schleifklotz, der mindestens so breit ist wie die Blanktiefe, wird der Schnitt gesäubert bzw. geglättet. Hierbei ist, wie auch bei allen weiteren Schleifarbeiten, immer in langen Zügen zu arbeiten. Wer immer nur kleine Flächen bearbeitet, erhält schnell kleine Hügel, selten aber ebene Flächen.

C) DER GROBSCHLIFF

Beim Unterwasserschiff kommt zum ersten Mal der Surfoamhobel zum Einsatz. Nachdem Scoop und (gegebenenfalls) Rocker an der Blankseite angezeichnet wurden, wird mit seiner Hilfe bei PU-Schäumen die Haut geschält und die Stringer auf Kernniveau gebracht. Wird der Surfoamhobel schräg geführt, ergibt dies schönere Schnittflächen. Ist die PU-Haut zu hart, muß gegebenenfalls ein Elektrohobel mit variabler Schnittiefe zu Hilfe genommen werden. Bei Styrofoam und Styroporkernen kann direkt mit dem Herausarbeiten des V begonnen werden. Hierzu wird bei Boards, die nur im Heck über ein V verfügen sollen, an der Seite des Heckbereichs 1 cm, von der Unterseite ausgehend, abgemessen und mit dem Schnittpunkt von Outline und V-Anfangspunkt verbunden. Dieser Anfangspunkt liegt etwa 1 m vor dem Heck. Bei Boards mit durchgehendem V werden jeweils alle 50 cm 1 cm an der Seitenfront abgemessen und die entstanden Punkte miteinander verbunden. In beiden Fällen wird der Schaum bis zu diesen Linien abgetragen. Dabei fällt es dem einen leichter den Surfoamhobel an den Rails aufzusetzen, dem anderen an der Boardmitte. Auch ist es unerheblich, ob man jeweils vom Bug zum Heck oder umgekehrt schleift. Jeder hat hier seine eigene Technik. Ich bevorzuge das Schleifen von der Boardmitte zu den Rails, weil ich hierbei den Druck auf den Hobel dosiert steigern kann, um an den Rails mehr Material wegzunehmen. Entsprechend führe ich den Hobel vom Bug zum Heck bei Heck-V-Boards.

Wichtig ist ständiges Kontrollieren der Schleifarbeiten. Von allen Seiten betrachtet, lassen sich Shapefehler am Blank erkennen und notfalls mit 40er Sandpapier korrigieren. Zwischendurch ist der Blank auch immer wieder abzukehren, damit der Hobel möglichst eben aufliegen kann.

Konkave Formen erzielt man dadurch, daß man mit um einen weichen Schwamm gewickelten 40er Sandpapier in langen Zügen parallel zur Outline schleift. Dabei sollte der tiefste Punkt bei doppelkonkaven Ausführungen (ca. 1 cm) nahe der Boardmitte liegen. Nach außen hin muß die Kurve flacher werden. Doch Vorsicht! Das Papier darf keine Falten schlagen, da es sonst Riefen in den Kern frißt.

Das Deck wird mit dem Hobel in langen, von der Boardmitte ausgehenden Schüben geformt. An Bug und Heck, wo mehr Material weg muß, verstärkt man den Druck, in der Mitte dosiert man ihn. Da Holz härter als Schaum ist, werden sich Stringer schnell aus dem Kern herausheben. Sie müssen laufend mit einem Taschenhobel oder einer Rasierklinge dem Blankniveau angepaßt werden. Hierbei ist darauf zu achten, daß man immer mit der Maserung hobelt.

Die Ecken der Rails werden gebrochen, indem man den in Längsrichtung geführten Hobel aufsetzt, und in langen flachen Schnitten die Rails bis zum höchsten Punkt der Kantenrundung formt. Anschließend befestigt man ein langes Stück 60er Sandpapier (Bandschleifpapier) so auf einem weichen Schleifklotz, daß es an einer Seite übersteht. Den Klotz setzt man auf dem Deck auf und zieht das freie Ende des Papiers über die Brettkante. Durch Hin- und Herlaufen können nun die Rails in ihre endgültige Form gebracht werden. Diese geht im Heckbereich in einer flachen Kurve direkt in eine scharfe Abrißkante über.

Ein spitzer Bug entsteht, wenn der Hobel parallel zu den Rails geführt wird. Vorsicht ist an Stringerenden geboten. Damit keine Stücke aus Holz oder Schaumkern herausgerissen werden, ist immer vom Holz wegführend zu arbeiten. Die Winger, sofern vorhanden, sind mit einer Rasierklinge zu säubern, wodurch sie ihre besondere Schärfe erhalten. Mit einer Rundfeile werden sie mit etwa 10 cm langen Vertiefungen versehen, sodaß an der Abrißkante (ca. 1 cm breit) nur wenige Millimeter Material stehen bleiben. Gleiches gilt übrigens auch für etwaige Swallow-Tails. Sie erhalten in ihrer Mitte sogar eine Vertiefung von 15 cm Länge. Harte Übergänge werden mit Schleifpapier beigearbeitet.

D) DER FEINSCHLIFF

Mit zunehmend feiner werdendem Schleifpapier (80er, 120er und 200er) oder Gitterleinen werden nach dem Grobschliff zunächst das Unterwasserschiff und dann das Deck geglättet. Hierzu verwendet man beim Unterwasserschiff einen Schleifklotz mit harter und beim Deck einen mit weicher Auflage. Die Rails können zusätzlich noch mit 400er Gitterleinen, welches gegenüber Papier den Vorteil hat, sich besser an die Kantenrundungen anzupassen, nachgearbeitet werden. Sie erhalten ihre Krönung durch eine Brechung an der Boardunterseite, sodaß sie als »Tucked-under-edge« das Brett leicht drehen und schnell angleiten lassen. Das Problem des Wasserablaufs an der Boardseite wird auf diese Weise so optimal gelöst, daß das beim Gleiten verdrängte Wasser nicht mehr hochspritzt, wie dies früher bei den alten, überholten Bevels noch der Fall war, sondern seitlich am Board entlang fließt.

Die Anfertigung von Tucked-under-edges erfolgt rasch und einfach. In Längsrichtung wird der Schleifklotz (200er Papier) an der unteren Kantenrundung angesetzt und ein scharfer Übergang zur Gleitfläche erzeugt. Nach nur 0,5 bis 1 cm geht dann die scharfe Kante über in eine weiche Rundung, und zwar vom Heck bis zum Bug. Einzige Ausnahme: Der hinterste Teil des Blanks, beginnend bei One-foot-off, erhält scharfe Abrißkanten, die das Board noch »bissiger« werden lassen.

Im Wingerbereich werden abschließend nur noch die Grate entschärft, indem mit einem kleinen Holz (z.B. Eisstiel) die Kante gepresst wird, was die »Flügelchen« festigt. Der Blank ist fertig! Wer stolz auf sein Werkstück ist – und ich hoffe Sie werden dies bei jedem Blank sein, den sie bearbeiten – signiert es letztlich mit seiner Unterschrift auf dem Stringer und überlegt sich in aller Ruhe ein schickes Design für sein Meisterwerk.

Die klassischen Punkte werden angezeichnet.

Die Outline – links...

...und rechts – wird ausgesägt...

...und der Schnitt gesäubert.

Bei harten PU-Schäumen...

...**ist die Haut mit einem Elektrohobel zu schälen.** ▷

Der schräg geführte Surfoamhobel ergibt beim Shapen schönere Schnittflächen.

Ein »V« entsteht...

...durch dosierten Druck an den Rails.

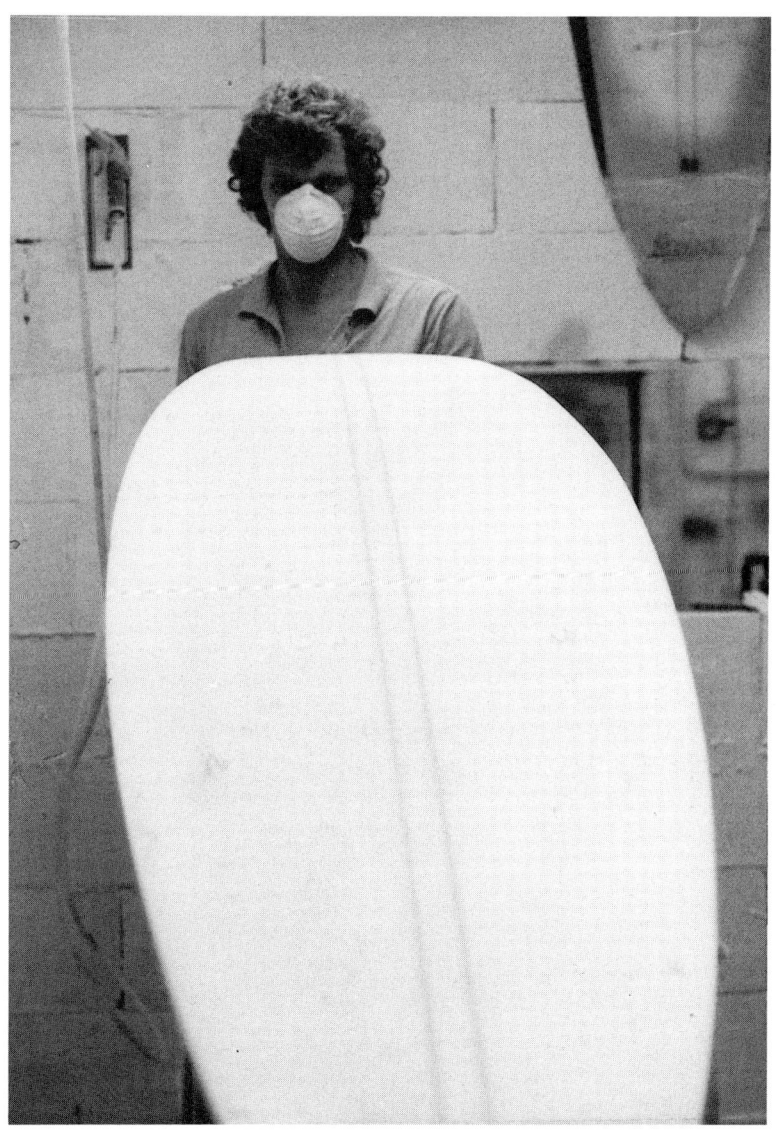

Ständiges Kontrollieren der Schleifarbeiten ist genauso wichtig...

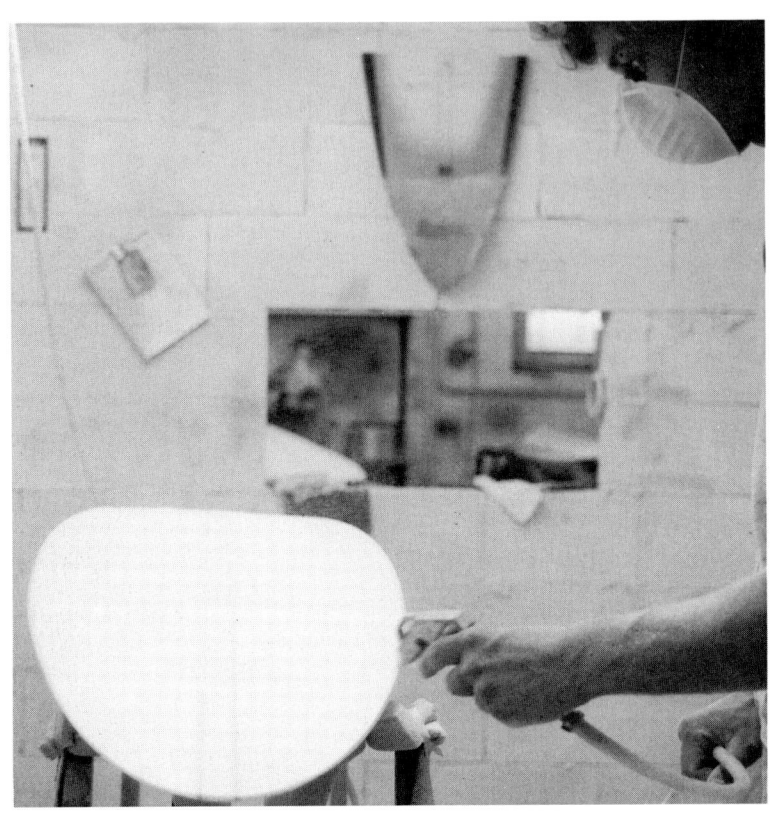

...wie das Säubern des Blanks von Schleifstaub.

In der Boardmitte wird dosiert geshapet. An Bug und Heck verstärkt man den Shapedruck.

Nach dem Unterwasserschiff kommt das Deck an die Reihe:

Holz ist härter als Schaum. Stringer sind deshalb mit einem Taschenhobel dem Bankniveau anzupassen.

Die Kanten der Rails sind zu brechen.

Anschließend werden sie mit Bandschleifpapier in Form gebracht.

Ein spitzer Bug entsteht.

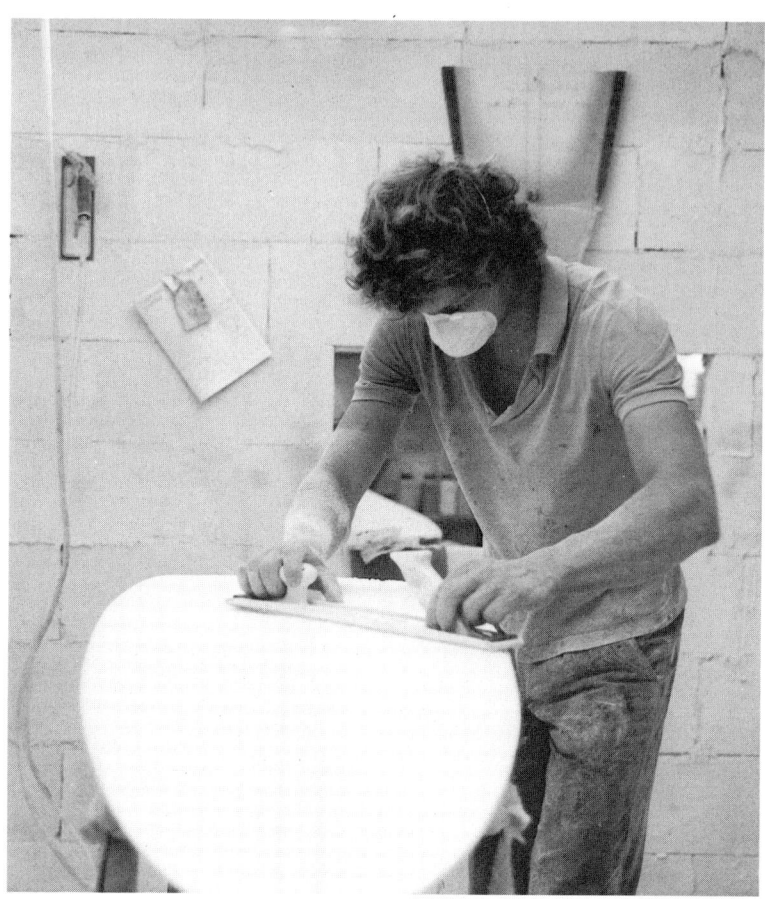

Der Feinschliff erfolgt mit zunehmend feiner werdendem Schleifpapier oder Gitterleinen.

Die Rails mit Gitterleinen nacharbeiten.

Tucked-under-edge

58

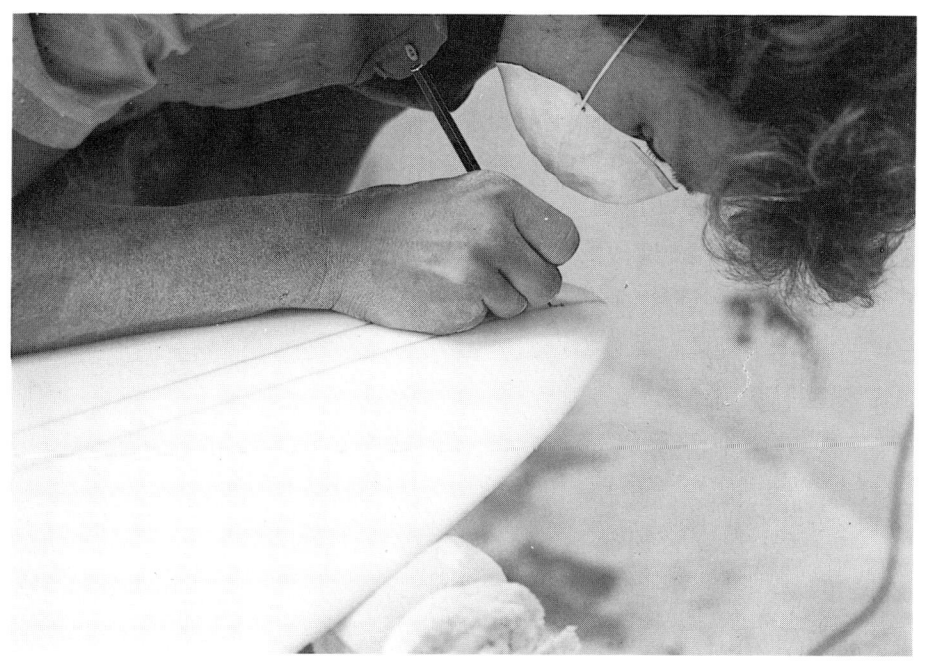

Shaper's Stolz: Signieren des Blanks auf dem Stringer.

5 Das Design

Airbrush aus Dosen und Pistolen

Nun gilt es seiner Phantasie freien Lauf zu lassen. Ob einfaches Streifenmuster, wilde Farbkomposition oder photographieähnliches Airbrush, erlaubt ist, was gefällt. Experimentieren Sie gerne? Warum versuchen Sie sich dann nicht einmal an einem 3D-Design? Die Tatsache, daß das glasklar aushärtende Laminat (Kohle-/ Kevlargewebe ausgenommen) eine phantastische Tiefenwirkung entstehen läßt, kann genutzt werden, um in verschiedenen Ebenen zu arbeiten. Hierzu werden mehrere Teilgraphiken auf speziellem Airbrush-Vlies erstellt und diese beim Laminieren unter bzw. zwischen die einzelnen Gewebeschichten gelegt. Diese Methode kann auch durch zusätzliches Miteinlaminieren von Stickern oder anderen glatten Gegenständen wie Blättern, Geldnoten etc. erwei tert werden. Die Verwendung von Airbrush-Vlies (es wird beim Laminieren durchsichtig und wiegt fast nichts) hat zudem den prinzipiellen Vorteil, daß Motive am Schreibtisch entworfen und realisiert werden können. Geht einmal ein Entwurf daneben, ist nicht gleich der ganze Blank verschandelt. Man nimmt einfach ein neues Vlies, das es in jedem Custom-Made-Shop für ein paar Mark zu kaufen gibt. Einige Händler bieten übrigens schon fertig bedruckte Vliese an. Die Angebotspalette reicht hierbei vom 10 cm² großen Palmenmotiv bis hin zur ausgefallensten Vielfarbgraphik für das komplette Brett. Allerdings sind die Preise hierfür sehr hoch. Nicht selten werden bis zu 150 DM für eine Boardseite verlangt.

Kommen wir nun aber zum klassischen Airbrush, das, vorausgesetzt es wird kein buntes Kernmaterial oder Kohle-/Kevlargewebe verwendet, direkt auf den weißen Schaum aufgetragen wird. Es wirkt später wie Hinterglasmalerei, gleichgültig ob mit Spraydose oder Graphikerpistole gearbeitet wird. Spraydosen, man

nimmt am besten Acryllack aus dem Autozubehörhandel, haben
jedoch den Nachteil, daß sich verschiedene Farbtöne nicht miteinander mischen lassen. Es können aber mit ihnen auch sehr schöne
Farbeffekte durch Überdecken erzielt werden, wenn zuerst die
hellen und nachher die besser deckenden, dunklen Töne aufgebracht werden. Erwärmt man zudem die Dosen in einem max. 50
Grad warmen Wasserbad (auf keinen Fall heißer, da sonst die
Dosen explodieren könnten), sind die Farben gleichmäßig und
ohne Tropfer aufsprühbar.

Die Sprühtechnik ist bei Spraydosen und Graphikpistolen iden-
tisch. Große Flächen besprüht man in einem Abstand von ca. 30

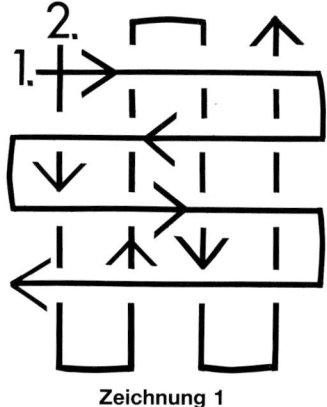

Zeichnung 1

cm. Dabei ist nach dem Schema auf Zeichnung 1 vorzugehen.
Halten Sie bei Sprühbeginn die Düse nie auf die zu bearbeitende
Fläche, sondern im 90° Winkel von ihr abgewendet! Erst nach
Drücken des Sprühknopfes richten Sie die Düse auf ihr Ziel.
Entsprechend dürfen Sie nie aufhören zu sprühen, solange die

Sprühdüse noch in Richtung Blank zeigt. Drehen Sie sie wieder seitlich weg und beenden erst danach den Sprühvorgang. Nur durch diese Methode sichern Sie sich ein gleichmäßiges Resultat, weil sonst an den Punkten, wo der Sprühvorgang begonnen bzw. beendet wird, mehr Farbe auf das Material gelangt als dazwischen. Sprühen Sie in mehreren parallelen Bahnen, und gehen Sie wie folgt vor: Düse von der Fläche wegdrehen, Sprühknopf betätigen, Düse auf die Fläche richten und gleichmäßig entlang einer gedachten Linie führen, Düse von der Fläche wegdrehen, Sprühknopf loslassen, Spühknopf betätigen, Düse auf die Fläche richten und entgegengesetzt führen etc. Dies mag kompliziert klingen, ist es aber nicht.

Nebeleffekte erzielt man durch flächiges Besprühen aus weiteren Abständen. Bei Graphikpistolen (es können alle handelsüblichen wasserlöslichen Farben wie z.B. Magic Touch benutzt werden) kann man zusätzlich die Düsenöffnung und den Luftdruck variieren, sodaß sich sowohl feinste Linien als auch größte Flächen in verschiedener Intensität gestalten lassen.

Abgeklebt werden Linien und Flächen mit glattem Tape. Geriffeltes Klebeband ist zum Abkleben ungeeignet, da es nicht einheitlich abschließt. Der Sprühnebel würde durch die offenen Stellen ziehen und gerade Kanten unmöglich machen. Damit auch an abgeschrägten Stellen keine Farbe unters Band laufen kann, wird das Tape nach dem Ankleben mit einem Hölzchen an den Schaum gedrückt. Größere Flächen werden mit Zeitungs- oder Pergamentpapier abgedeckt, und die Ränder zusätzlich abgeklebt. Keine Stelle darf am Board unabgedeckt sein, die nicht in demselben Sprühvorgang bearbeitet werden soll, denn der Sprühnebel ist so fein, daß er sich in der Luft bis auf einige Meter ausbreitet und ungewollte Spuren hinterläßt. Farbgrate an den Tapebegrenzungen lassen sich dadurch vermeiden, daß das Klebeband zügig abgezogen wird, bevor die Farbe ganz getrocknet ist. Kleine Fehler können im trockenen Zustand mit feinem Schleifpapier behoben werden.

Für mehrfarbige Graphiken, die hohe Kunst des Airbrush, fertigt man sich am besten Schablonen aus Wachs- oder Pergamentpapier an. Sie decken das gesamte Brett ab und geben nur die Stellen frei, die mit einer bestimmten Farbe besprüht werden sollen. Diese Teile werden mit einem Skalpell (erhältlich im Graphikerbedarf) ausgeschnitten. Hierbei darf nicht zu tief mit der Klinge in den Schaum geschnitten werden. Unsaubere Farbbegrenzungen wären sonst das Resultat. Da nicht mit Tape abgeklebt werden kann, müssen die Schablonen mit Stecknadeln auf dem Schaum fixiert werden. Darum ist beim Sprühen Vorsicht geboten. Es darf keine Farbe unters Papier kommen!

Pro Farbe wird eine Schablone benötigt. Unter Umständen, bei vielen verschiedenen Farbnuancen, kann dies zu einem langwierigen Prozeß führen.

Und noch ein Tip: Bei aufwendigem Design empfiehlt es sich, zuerst nur die Boardunterseite zu gestalten und sofort zu laminieren. Dadurch verhindert man nämlich ein Verwischen der Farben durch das Auflegen auf das Arbeitsgestell bei späteren Arbeiten am Deck.

Eine Trimm-Line von Tesa wird aufgeklebt.

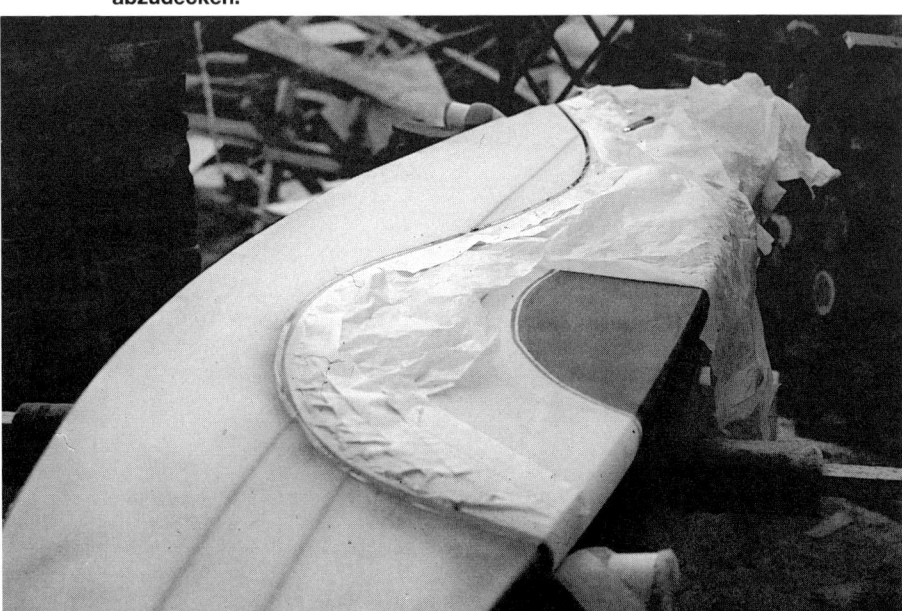

Tapekanten mit einem Hölzchen an den Schaum drücken, damit keine
Farbe unters Band läuft.
Nicht zu besprühende Flächen sind jeweils mit Folie oder Papier gut
abzudecken.

Na, wer sagt's denn. Ein Airbrush ist doch kinderleicht!

6 Das Laminieren

Ein wenig klebrig wird es schon

Wie schon in Kapitel 2 über die Rohstoffe beschrieben, gibt es zwei Methoden des Laminierens: 1. das Naß-in-naß-Arbeiten bei ungezwirnten Glasgeweben und Kohle-/Kevlarfasern und 2. das Laminieren-in-einem-Arbeitsgang bei gezwirnten Glasgeweben.

Naß-in-naß wird folgendermaßen vorgegangen: Zunächst ist immer die Boardunterseite zu laminieren. Hierzu ist das Deck mit breitem, glattem Tape (min. 5 cm breit) abzukleben, sodaß die zu laminierende Fläche 10–15 cm auf das Deck reicht und die gesamte Breite der Rails einschließt. Achten Sie darauf, daß die Gewebebahnen breit genug sind! In der Regel haben diese eine Breite von 80 cm.

An der zur Boardmitte zeigenden Seite ist ein Tropfrand zu lassen. Er entsteht automatisch durch die Krümmung der Rails, wenn das Tape nur zu ⅔ an den Kern angedrückt wird. Durch das Einlegen von kleinen Schaumstückchen im Abstand von einigen Zentimetern behält er auch beim Überstreichen mit dem Squeegee seine Form.

Einige Selbstbauer verzichten auf das Abkleben. Sie argumentieren, daß sie ohne Abkleben noch weichere Übergänge erzielen. Ich halte aber nichts davon, da Glasgewebe beim Harzen an den Schnittstellen ausfranst und Harz auf die andere Bordseite läuft. Dies ist beim besten Willen nicht zu vermeiden, und die sich daraus ergebenden »Tropfnasen« sind fast irreparabel. Wird hingegen das ausgetrocknete Laminat mit einem Teppichmesser entlang des Tapestreifens abgeschnitten, ist die entstehende Schnittkante leicht mit einer Feile zu glätten. Wer geschickt im Umgang mit einem Winkelschleifer ist, kann auch die Laminatkante im Tapebereich anschleifen bis das Laminat »hell« wird. Das Tape läßt sich dann spielend leicht abziehen und man erhält sehr weiche Übergänge.

Die Unterseite wird nun mit einem Liter (bezogen auf eine Boardlänge von 3 m) gut verrührtem Harz gleichmäßig getränkt. Gießen Sie hierzu ¾ des Harzes entlang der Boardmittellinie auf den Schaumkern auf und verteilen ihn mit dem Squeegee. Der verbleibende Rest wird später für das Tränken der Rails gebraucht. Das Mischungsverhältnis von Harz und Härter beträgt für Epoxydharze etwa 60:40. Bei Polyestergebinden sind dem Harz 1–3 Prozent Härter beizugeben. Die Mengenanteile sind in geeigneten Meßbechern – diese sind in Custom-Made-Shops erhältlich – genauestens abzumessen. Nur für Polyesterharz gilt, je mehr Härter (aber nie mehr als 3%) verwendet wird, desto härter (gegebenenfalls auch spröder!) wird das Laminat, desto kürzer ist aber auch die Topfzeit. Beim ersten Harzen, wenn sich noch keine Lösungsmitteldämpfe in der Luft befinden, deshalb weniger Härter zugeben!

Für Epoxydgebinde gibt es keine Variationsmöglichkeit bzgl. der Härterzugabe. Doch auch hier ist die Topfzeit am Anfang geringfügig kürzer, da noch ausreichend Sauerstoff als Reaktionsbasis zur Verfügung steht. Es sollte übrigens immer gerade nur soviel Harz angerührt werden, wie im nächsten Arbeitsgang verarbeitet werden kann, damit überschüssiges Gebinde nicht aufkocht und unbrauchbar wird. Nehmen Sie außerdem für jeden Arbeitsgang einen neuen Plastikbecher! Alte Harzreste verderben, solange sie noch nicht vollends ausgehärtet sind, neue Gebinde. Zum Verrühren selbst eignet sich am besten eine Bohrmaschine mit Quirlaufsatz.

Die erste Lage Gewebe wird jetzt auf Länge geschnitten (der Boardlänge sind ca. 20 cm hinzuzurechnen) und auf den nassen Blank aufgelegt. Damit dies faltenfrei geschieht, ist unbedingt die Hilfe einer zweiten Person erforderlich: Das Gewebe jeweils an den Ecken seiner kurzen Seite greifen und straffen. Die Bahnmitte der Länge nach durchhängen lassen und auf der Blankmitte aufsetzen. Jetzt das Gewebe langsam und synchron absenken bis es ganz aufliegt. Sofort mit dem Squeegee die Lage von der Mitte aus zu den Rails hin glätten und entlüften. Die Ränder sind so abzuschneiden, daß sich die einzelnen Bahnen jeweils um ca. 2 cm überlappen können, wobei die oberste Lage die breiteste Schicht darstellt. Sie soll ungefähr 10–15 cm auf das Deck reichen und die gesamte Breite der Rails umschließen. Für 165er Glas werden insgesamt drei und für Kohle/Kevlar eine plus einer Bahn 165er Glas benötigt. Die zusätzliche Glaslage ist bei Kohle-/Kevlargeweben unerläßlich, weil diese schlecht schleifbar sind. Die erste Lage endet folglich jeweils 2 bzw. 4 cm vor dem Tapestreifen.

Luftblasen sind immer zum Rand hin zu entfernen, während ihre Hilfskraft gleichzeitig die Rails mit dem zurückgehaltenen Harzrest und einem flachen Haarpinsel tränkt. Dadurch wird gewährleistet, daß auch die Rails ausreichend geharzt werden. An Bug, Heck (bei Pintails, Swallow-Tails) und Wingern werden die Ecken eingeschnitten, um ein Anlegen des Gewebes an den Kern zu ermöglichen. Je nach Geschick werden die Kantenrundungen mit Squeegee oder Pinsel geformt. Der Squeegee hat den Vorteil, daß er das Gewebe fester an den Blank anpreßt, der Pinsel paßt sich besser den Rundungen an. Die erste Lage ist fertig laminiert, wenn keinerlei helle Stellen mehr im Gewebe zu sehen sind.

Die zweite Gewebelage wird anschließend direkt auf die noch nasse erste Schicht aufgelegt. Hierzu wieder nach der oben beschriebenen Technik vorgehen. Wiederum Ränder und Länge kürzen, Ecken einschneiden und das Gewebe glätten und entlüften. Erst danach neues Harz aufgießen und mit dem Squeegee verteilen. Bei der zweiten und jeder weiteren Lage wird jeweils nur noch ein halber Liter Harzgebinde gebraucht. Auch hier die Rails wieder mit Pinsel und zurückgehaltenem Harz tränken lassen. Die dritte Schicht wird ansonsten wie die zweite aufgebracht. Also zuerst das Gewebe auflegen, dann harzen.

Zwei bis drei Minuten nach dem Laminieren können Sie zweimal kurz mit der Faust von unten gegen das Board schlagen. Sie

»aktivieren« damit erneut das gleichmäßige Zerlaufen des Harzes. Danach den Blank trocknen lassen. Seien Sie jedoch nicht überrascht, wenn sich ein Polyesterlaminat am darauffolgenden Tag immer noch klebrig anfühlt. Es trocknet nämlich nie vollkommen aus, solange es nicht mit Top Coat behandelt wird. Sie können getrost mit dem Laminieren des Decks beginnen. Eventuell sollten Sie nur Ihr Arbeitsgestell, vorausgesetzt es ist mit Schaumstoff oder Teppich gepolstert, mit einer Plastiktüte überziehen, bevor Sie das Brett auf seine klebrige Seite legen.

Ist das Laminat der Unterseite entlang des Tapestreifens abgeschnitten und das Tape entfernt (Vorsicht beim Abziehen, das Design darf nicht zerstört werden), kann die Schnittkante mit einer flach aufgelegten Feile oder dem Schnittblatt des Surfoamhobels geglättet werden. Nach dem Abkleben des Rumpfs (Tropfrand nicht vergessen!) wird das Deck nach der gleichen Methode wie das Unterwasserschiff laminiert. Überlappt dabei das Deckgewebe das der Unterseite – es genügt wenn 2 cm Unterwasserschiff überlaminiert werden – erhält man unsichtbare und obendrein vier- bzw. sechsfach verstärkte Nahtstellen, was die Rails unverwüstbar macht. Sind scharfe Abrißkanten am Heck erwünscht, so wird das Gewebe jedoch in diesem Bereich nicht um die Kante herumgezogen, sondern hängt beim Trocknen einfach gerade am Blank herunter. Später ist es abzuschneiden und zu einer messerscharfen, bissigen Kante zu modellieren, worauf wir im siebten Kapitel, beim Versiegeln mit Top Coat, zurückkommen werden.

Doch fahren wir jetzt mit der zweiten Laminiermethode fort, dem Laminieren-in-einem-Arbeitsgang. Es besitzt den Vorteil, daß eine Boardseite alleine und mit nur einer Harzung bearbeitet werden kann, vorausgesetzt natürlich, man verwendet gezwirntes Glasgewebe. Denn nur dieses ist so durchlässig, daß alle Schichten inklusive Kern mit Harz getränkt werden. Es ergeben sich bei dieser Methode aber noch eine Reihe anderer gravierender Vorteile gegenüber dem Naß-in-naß-Verfahren, wie in dem folgenden Abschnitt ersichtlich wird.

Beginnen wir als erstes wieder mit der Unterseite des Boards. Die einzelnen Bahnen (bei 200er Glas benötigt man nur zwei) werden nacheinander auf dem Kern ausgerollt und abgeschnitten. An den Enden brauchen sie nur 5 cm überstehen. Die Ränder sind entsprechend zu kürzen, damit sie sich überlappen können. Surft man häufig in seichten Gewässern, ist es ratsam den Finnenkastenbereich mit einer dritten Lage Glas zu verstärken. Auch wenn das Board eher zum Springen konzipiert ist, kann die sich durch diese Verstärkung ergebende kleine Gewichtszunahme in Kauf genommen werden. Schließt sie doch ein Herausreißen der Finnenkästen aus dem Kern fast gänzlich aus. Bugspitzen können auf Wunsch ebenfalls verstärkt werden.

Die Verstärkung soll aber auf jeden Fall nur den Finnenbereich und den Bug umfassen, damit nicht unnütz Material verschwendet wird. Schneiden Sie die Verstärkung wie auf Zeichnung 1 c zu. Die Zugkräfte verteilen sich dadurch besser als bei einer geraden Schnittkante.

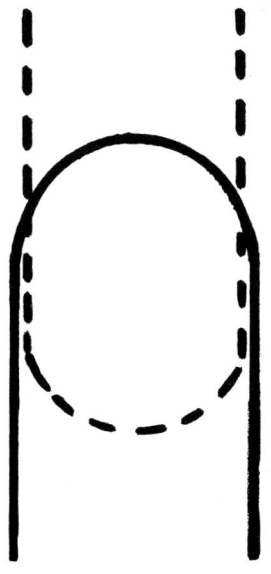

Kleben Sie nun das Deck ab und rühren Sie zwei Liter Harz (für ein Drei-Meter-Brett) an. Verteilen Sie dies zu ¾ auf dem Gewebe, wobei Sie den zurückgehaltenen Rest wieder für das Harzen der Rails verwenden. Sollen Sticker mit einlaminiert werden, so sind diese auf den Schaum zu kleben. Dazu einfach mit dem Pinsel ein wenig Harz aufstreichen und den Sticker aufdrükken. Sie vermeiden damit hohle Stellen unter dem Laminat. Airbrush-Vlies kann zwischen die Gewebeschichten gelegt werden. Es ist vollkommen harzdurchlässig.

Alle Schichten sind auf einmal zu glätten und zu entlüften. Trockene Stellen, die man daran erkennt, daß sich das Gewebe beim Überstreichen mit dem Squeegee abhebt, müssen mit dem Pinsel nachgetränkt werden. Überschüssiges Harz immer zu den Rails hin abstreifen! Nach dem Anlegen der Kanten den Blank zweimal anschlagen und das Laminat trocknen lassen. Anschließend das überstehende Laminat abschneiden, das Tape abziehen und die Schnittkante glätten.

Das Deck ist aus Gewichtsgründen ebenfalls zweilagig (200er Glas) zu laminieren, bedarf jedoch einiger wichtiger Verstärkungen. So wird die untere Lage zerteilt und die Enden wie bei der Finnenverstärkung der Boardunterseite zurechtgeschnitten. Die spitzen Seiten (zur besseren Zug- und Druckverteilung) der beiden Teile sind im Mastschienenbereich übereinander zu legen, sodaß sie sich auf einer Länge von ca. 50 cm überlappen.

Empfindliche Winger und Swallow-Tails erhalten kleine doppellagige Verstärkungen, die nur so groß zu sein brauchen, wie Tails bzw. Winger selbst. Die Bereiche, an denen später beim Surfen die Füße stehen werden, bedürfen besonderer Aufmerksamkeit. Vor allem bei Sprunglandungen werden sie aufs Äußerste belastet. Deshalb verstärkt man sie mit drei kreisrunden Gewebestücken von 15 cm Durchmesser, die übereinander versetzt zwischen die Gewebeschichten zu legen sind. Zwar bleiben diese fünffach laminierten Stellen auch beim fertigen Board sichtbar, wirken aber nicht störend, weil der Standflächenbereich sowieso eine Struktur erhalten wird.

Das eigentliche Laminieren des Decks verläuft wieder entsprechend der Unterseite, wobei bis 2 cm auf das Unterwasserschiff gearbeitet wird. Die Verstärkungen von Tails und Winger können wie Sticker auf den Schaum geklebt werden, damit sie nicht verrutschen. Nach dem Trocknen sind Luftblasen mit einer Nadel aufzustechen und mit einer harzgefüllten Spritze zu entfernen.

Vielleicht fragen Sie sich jetzt, wozu dieser ganze Aufwand der Verstärkungen gut sein soll. Warum nicht einfach dreilagig laminieren? Die Antwort auf diese Frage ist leicht gegeben: Zwei Lagen mit Verstärkungen sind wesentlich leichter als drei, obwohl die besonders beanspruchten Boardbereiche erheblich stabiler werden.

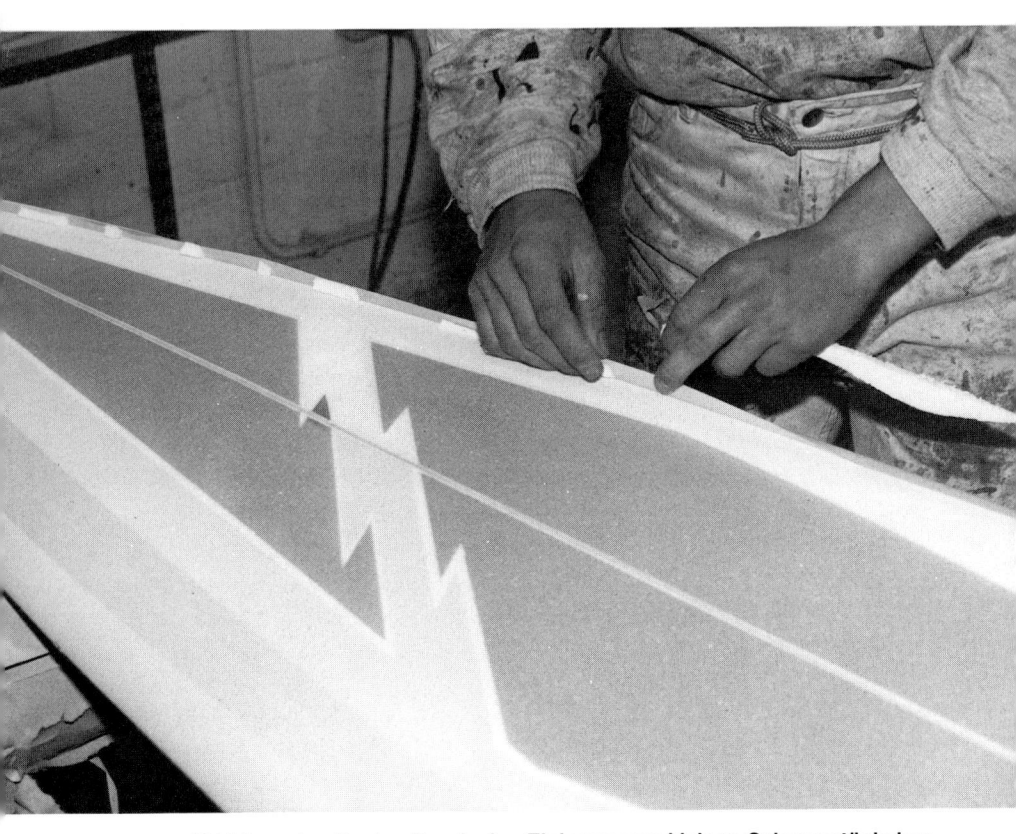

Abkleben des Decks. Durch das Einlegen von kleinen Schaumstückchen erhält der Tropfrand seine Form.

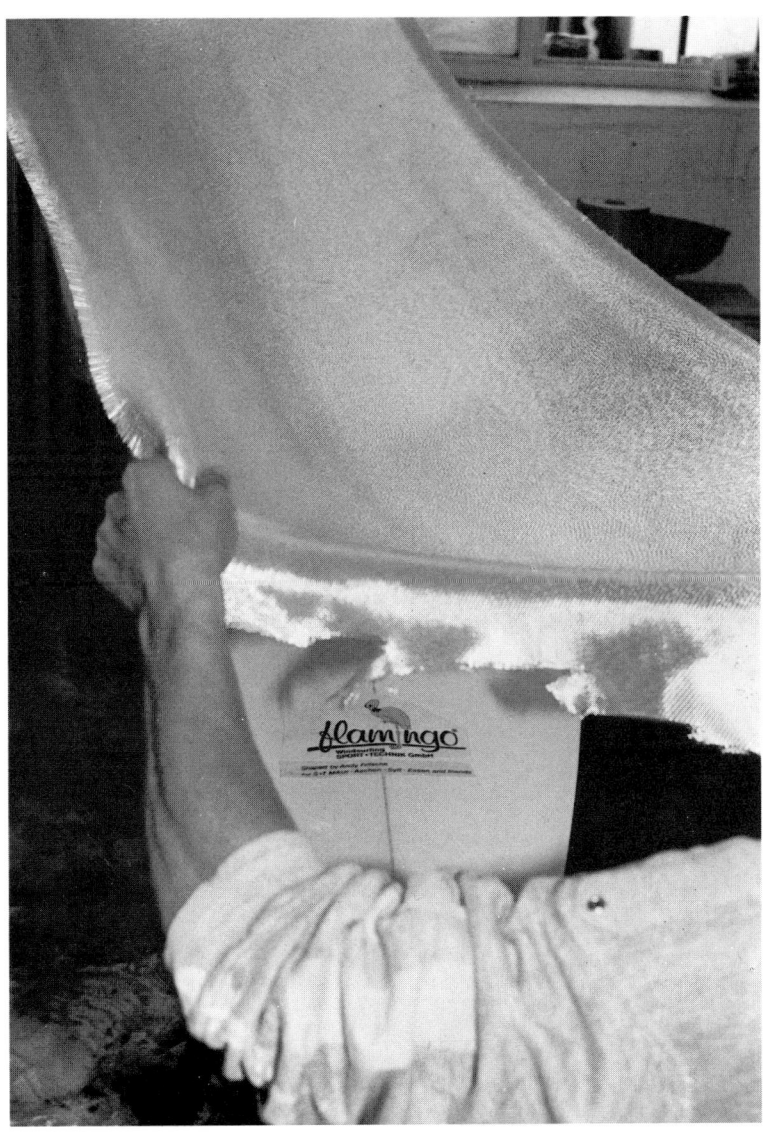

Die einzelnen Gewebebahnen werden aufgelegt...

...und abgeschnitten, sodaß sie sich überlappen.

Eine Verstärkung wird unter das Gewebe gelegt.

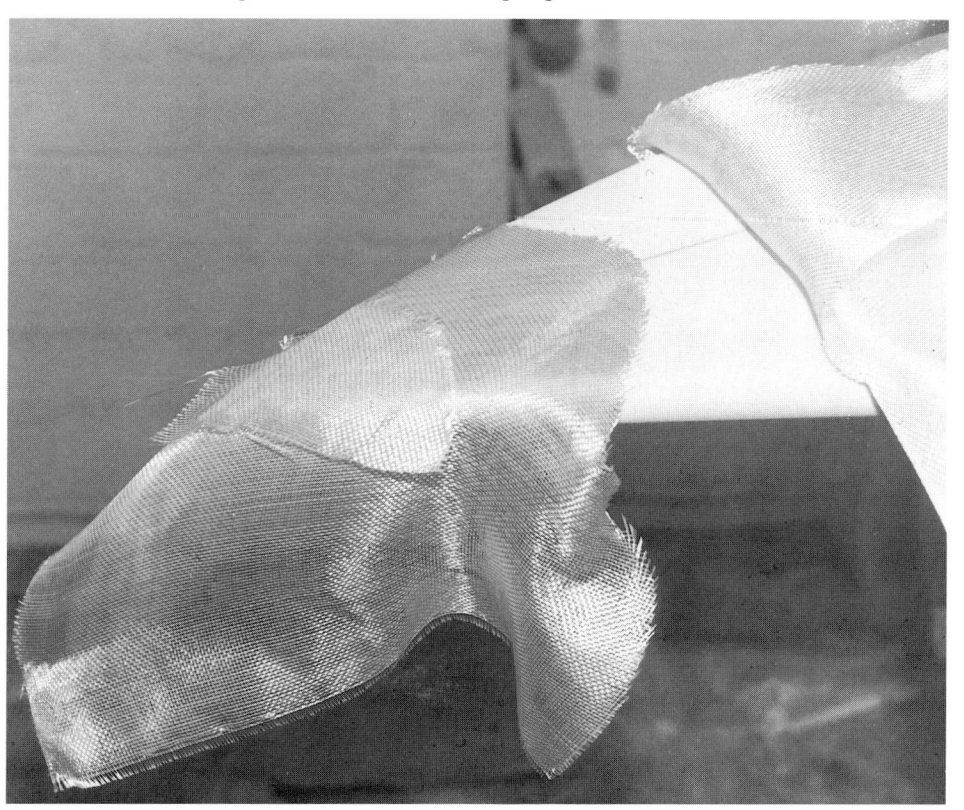

Das Harz zum Mischen abwiegen!

Mit einer Spritze läßt sich der Härter für Polyesthergebinde genau dosieren.

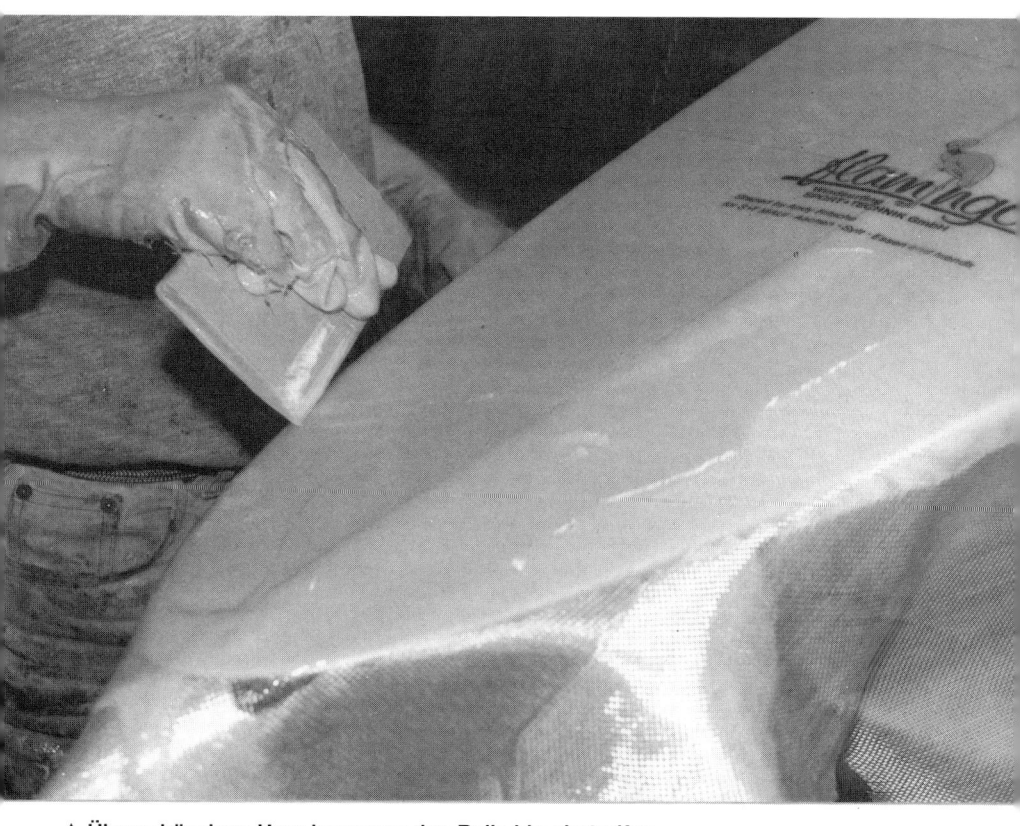

△ Überschüssiges Harz immer zu den Rails hin abstreifen.

◁ Alle Gewebeschichten auf einmal mit Harz tränken und glätten.

83

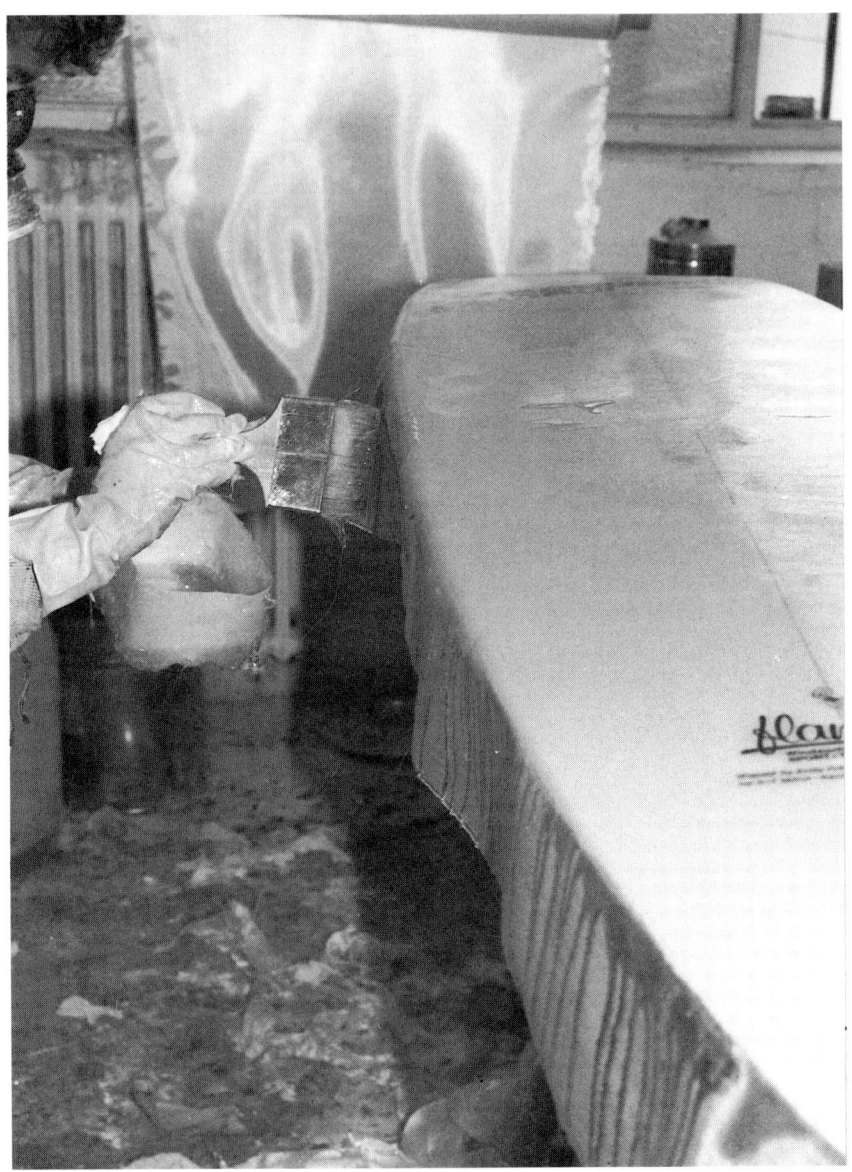

Die Rails grundsätzlich mit dem Pinsel tränken,...

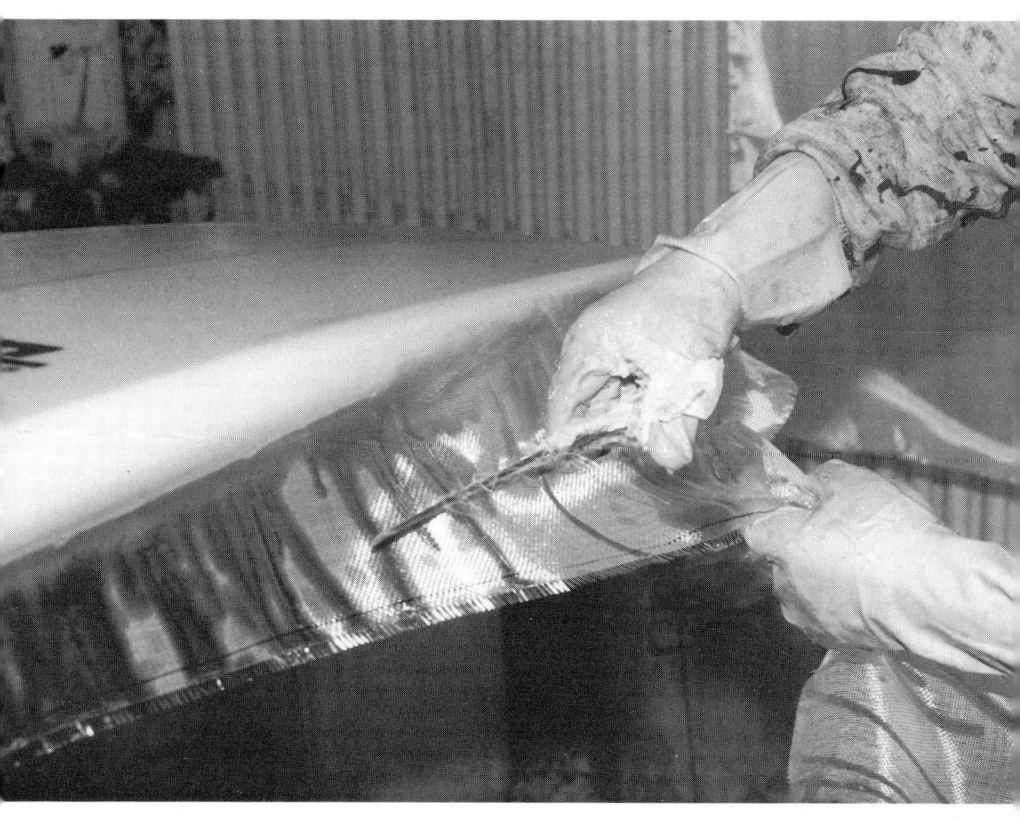

...abschneiden...

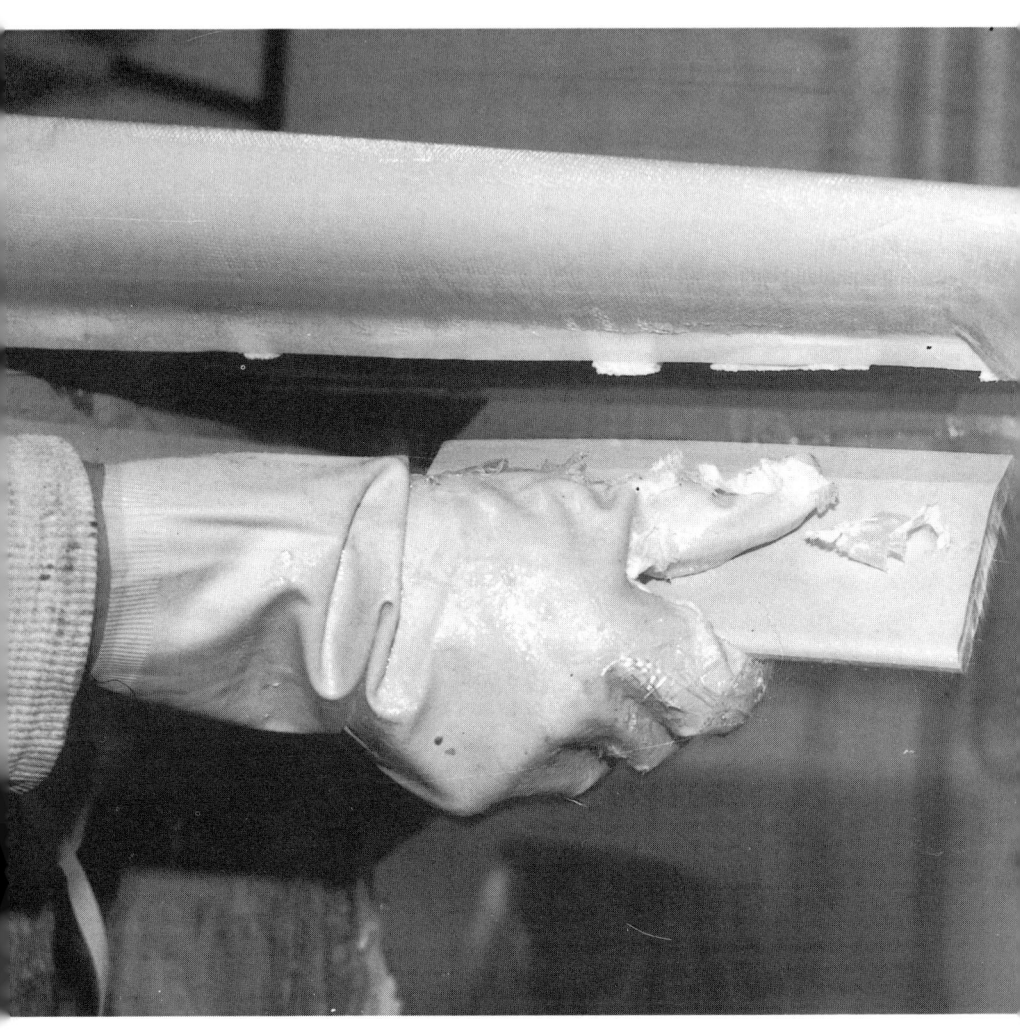

...und mit dem Squeegee formen.

Die Kante des Unterwasserschifflaminats wird angeschliffen.

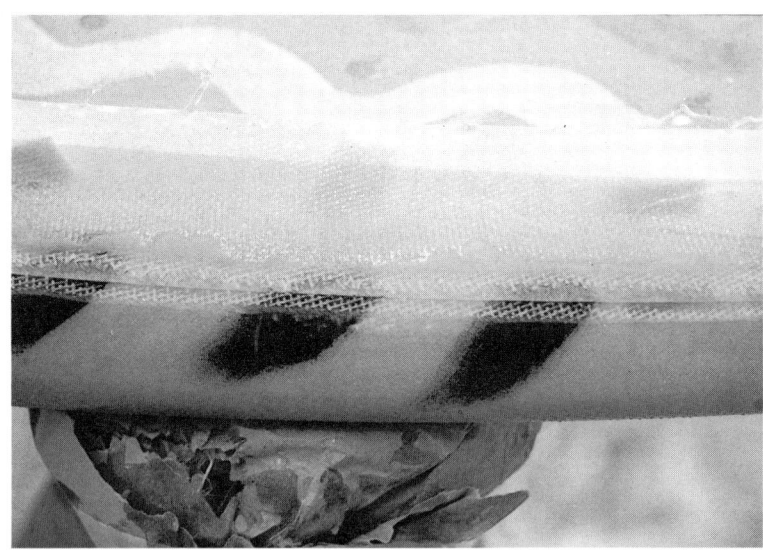

Jetzt kann das Tape spielend leicht abgezogen werden,...

...wobei ein sauberer und weicher Übergang entsteht.

Für das Deckslaminat ist das Unterwasserschiff abzukleben.

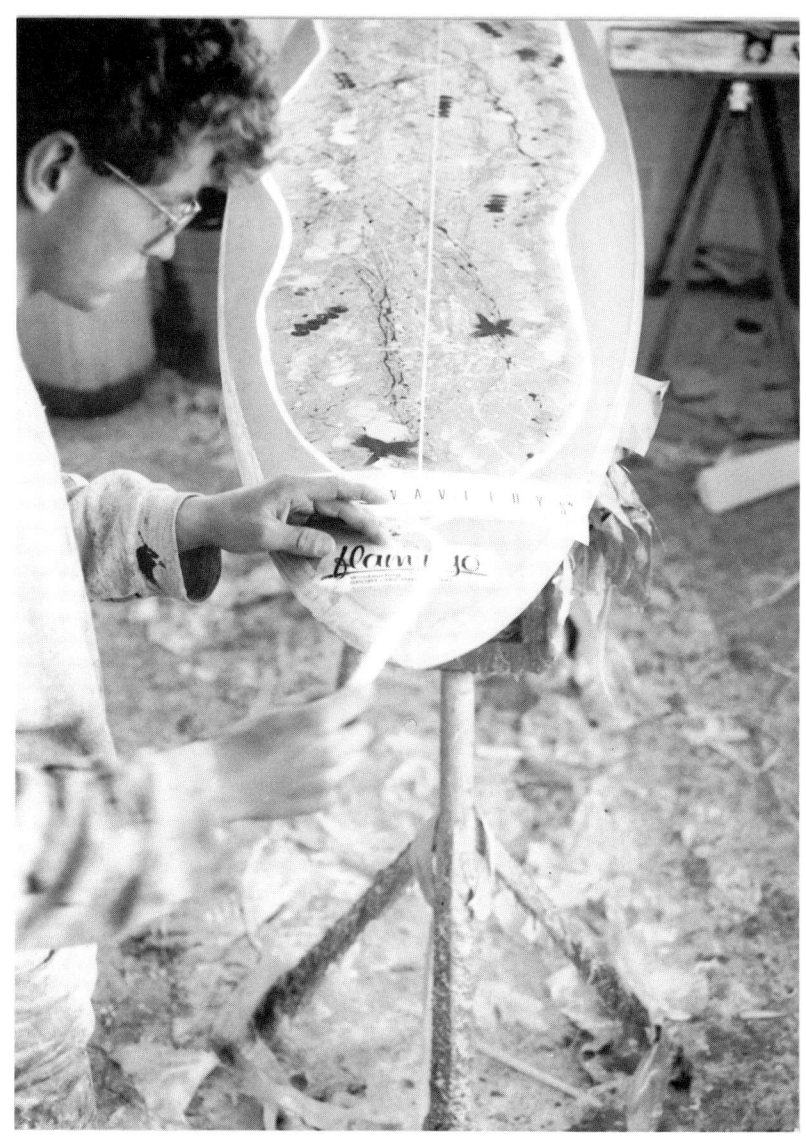

Sticker können mit Harz angeklebt werden, damit sie...

...beim Aufziehen des Glasgewebes nicht verrutschen.

91

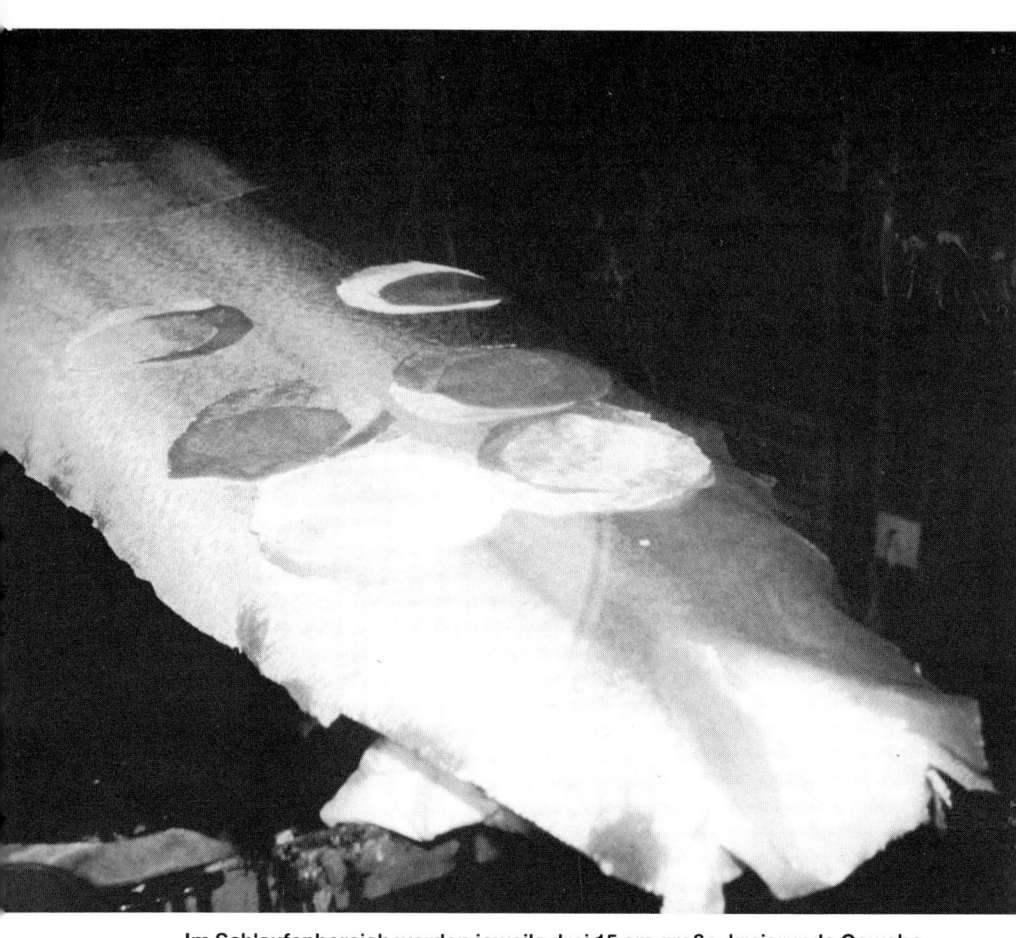

Im Schlaufenbereich werden jeweils drei 15 cm große, kreisrunde Gewebe-verstärkungen zwischen die Lagen gelegt,...

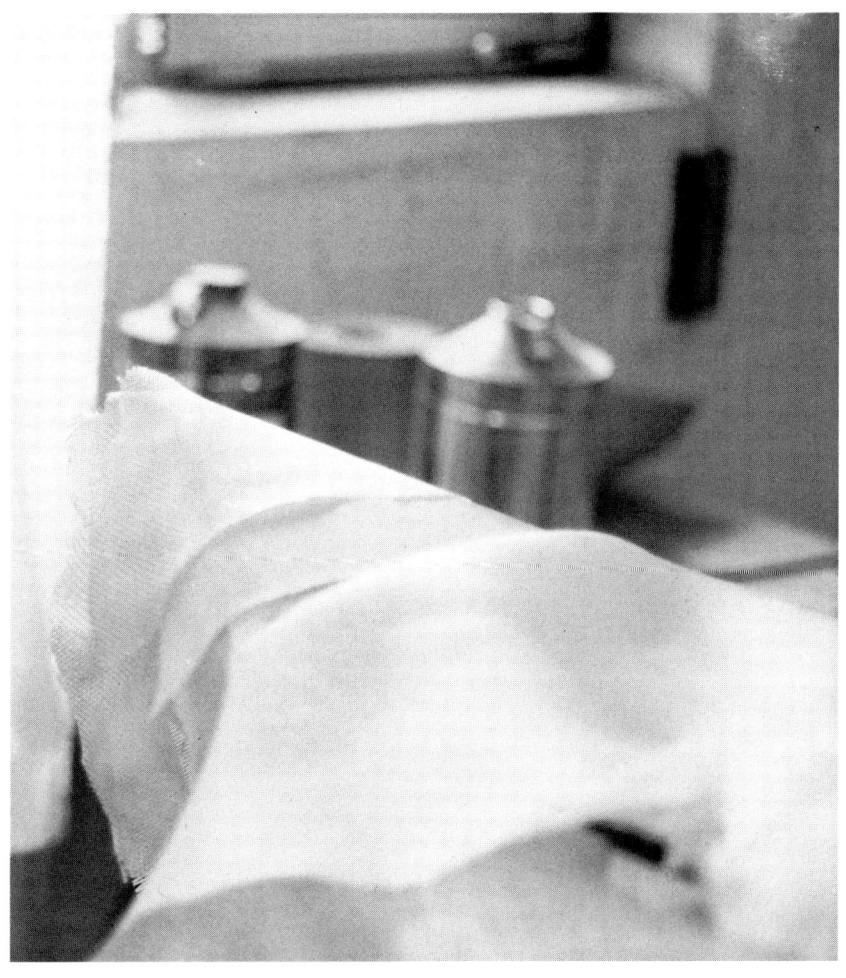

...und auch der Bug ist wieder doppelt zu verstärken (Ecken einschneiden!).

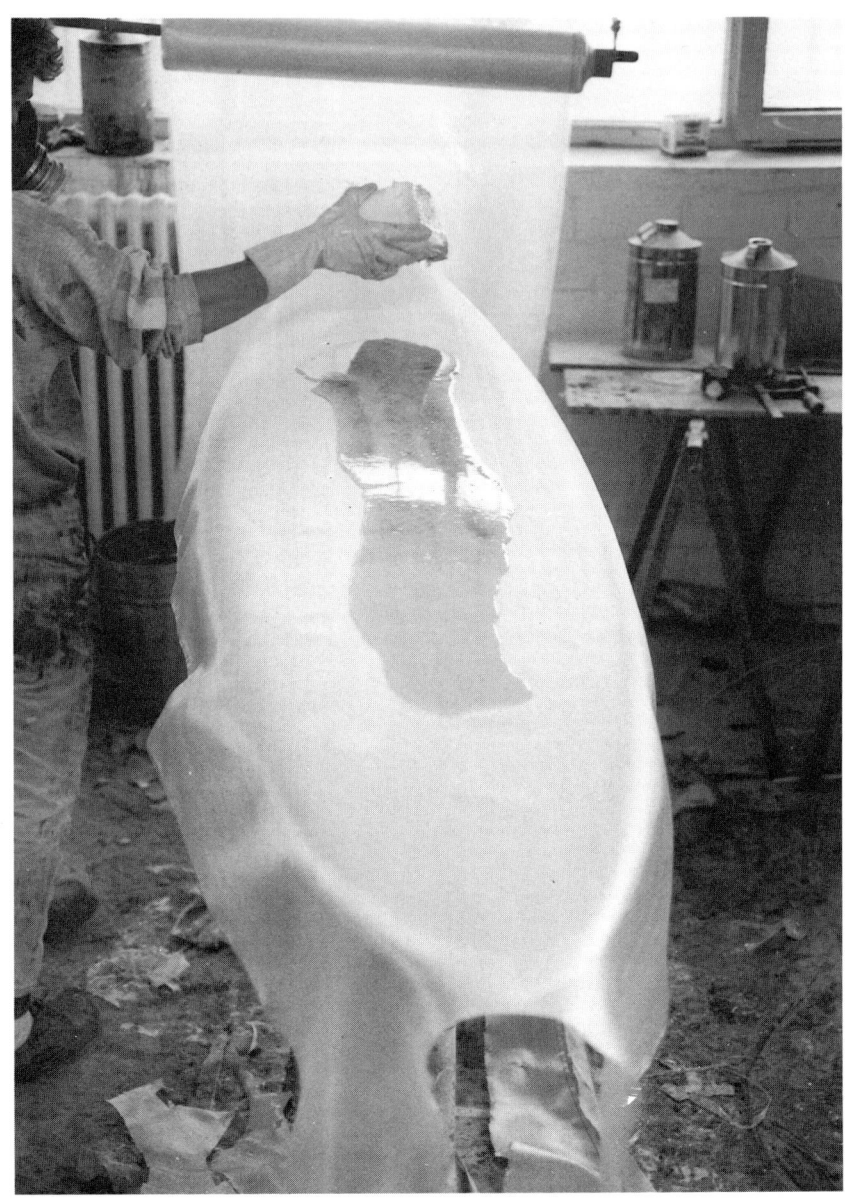

Das Harz auf den Blank gießen...

...und mit dem Squeegee verteilen.

Helle Stellen müssen nachgetränkt werden.

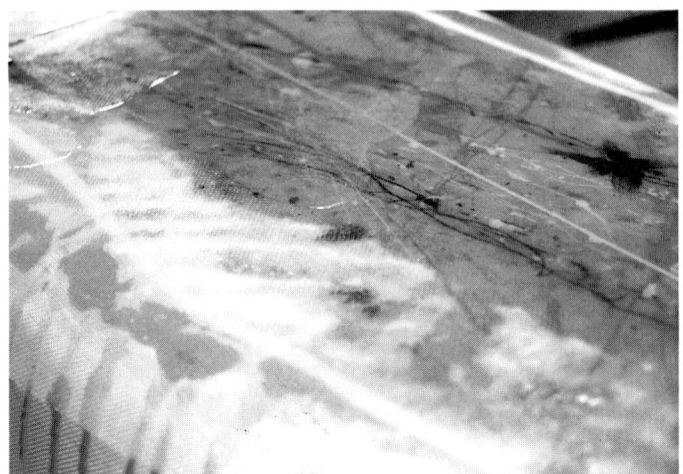

Auch auf dem Deck werden Kantenrundungen mit dem Pinsel getränkt...

...und das Gewebe mittels Squeegee angelegt.

7 Das Top Coat

Im Prinzip sind die Laminierarbeiten nun abgeschlossen. Der Blank kann bereits schwimmen, hat aber noch eine grobe Struktur, die es gilt auszugleichen. Polyesterblanks sind obendrein noch klebrig, müssen daher versiegelt werden, aber auch Epoxydblanks werden durch eine Behandlung mit Top Coat, einem modifizierten und mit Wachs versetzten Harz, widerstandsfähiger und wasserabweisend.

Da Epoxydharz vollständig austrocknet, kann es geschliffen werden. Die grobe Laminatstruktur wird glatt, was zur Folge hat, daß nicht soviel Top Coat benötigt wird wie beim Versiegeln von Polyesterblanks. Für ein Drei-Meter-Board rechnet man ein bzw. zwei Liter Top Coat.

Geschliffen werden Epoxyd-Blanks am leichtesten mit der Bohrmaschine und einem Schleifaufsatz. Kleben Sie runde Schleifscheiben (erst 120er, dann 200er Körnung) auf den Schleifkopf, der möglichst anschmiegsam sein sollte, auf. Aufgeschraubte Schleifpapiere zerreißen schneller und hinterlassen dann häßliche Kratzer.

Nach dem Abschneiden des überstehenden Decklaminats und Abziehen des Tapes beginnen Sie mit dem Unterwasserschiff. Dabei dürfen Sie nie zu lange auf einer Stelle schleifen, da das Laminat schnell durchgeschliffen ist. Anschließend wenden Sie sich dem Deck und als letztes den Rails zu. Diese sind grundsätzlich mit der Hand zu schleifen. Vergleichen Sie hierzu die Photos in Kapitel 9! Tucked-under-edges werden scharf gemacht, indem der Schleifteller flach auf das Unterwasserschiff aufgelegt wird. Mit der Hand über den Blank fahrend fühlen sie noch rauhe Stellen. Ist alles schön glatt verschliffen, muß der Blank peinlichst von Schleifstaub gesäubert werden. Waschen Sie ihn dazu mit reichlich klarem Wasser ab. Im Autozubehörhandel gibt es sogenannte Staubbindetücher, die auch die letzten Staubteilchen aufnehmen.

Nach dem Säubern des Bretts wird zunächst die Standfläche bestimmt. Sie muß rutschfest sein und erhält deshalb eine feine Struktur. Hierfür kann Strukturlack genommen werden, billiger ist jedoch die Verwendung von Top Coat und Zucker. Genauso schöne Resultate ergeben sich mit Top Coat und Schleifstaub oder Abreißgewebe. Für welches Hilfsmittel man sich letzten Endes entscheidet, ist Geschmackssache. Schauen Sie sich einmal die diversen Standflächen in einem Surfshop an, und fühlen Sie die Unterschiede. Wählen Sie diejenige, die Sie am angenehmsten finden.

Zur Fertigung der Standfläche: Ist sie bestimmt – in der Regel reicht sie nur gerade bis zum Mastfußbereich – werden die nicht zu strukturierenden Deckbereiche abgeklebt. Für symmetrische Boardhälften empfiehlt sich wieder die Anfertigung einer Schablone für eine Boardhälfte, die an der Mittellinie umgeklappt werden kann. Das Top Coat wird dann mit einem breiten Haarpinsel im Kreuzgang auf der Standfläche verstrichen. Erst längs zur Bug-Heck-Linie, dann quer und noch einmal längs. Sollten sich Haare aus dem Pinsel lösen, entfernt man sie mit den Fingern. Durch einfaches Überstreichen wird wieder geglättet. Im noch nassen Zustand kann die Standfläche dann entweder mit Abreißgewebe abgedeckt oder mit Schleifstaub bzw. Zucker bestreut werden. Streut man Zucker durch ein Küchensieb, ergeben sich gleichmäßg behandelte Flächen. Beste Resultate mit Schleifstaub zeigen sich, wenn man ein Stück Schaumabfall vom Kern an einen sich drehenden Schleifteller der Bohrmaschine hält und die Standfläche »beschneit«.

Nach Beendigung des Streuvorgangs sofort das Tape entfernen und die Unterseite abkleben. Jetzt können auch die Rails versiegelt werden. Nach dem Austrocknen, das je nach Harztyp nur ca. 1 Stunde dauert, wird das Brett umgedreht und die Unterseite gestrichen. Das Deck wird hierzu entlang der Tucked-under-edges abgeklebt (Tropfrand!). Um Heckkanten zu schärfen, klebt man das Tape im hinteren Boardbereich so an die Seitenwände, daß es zwei bis drei Millimeter über die Unterseite hinaussteht. Streicht man daran den Pinsel ab, wird das Harz die freien Räume ausfüllen und messerscharfe Kanten hinterlassen.

Top Coat läßt sich übrigens hervorragend mit Farbpasten mischen. Ein Umstand der beim Bau von Boards genutzt werden kann, die kein Airbrush auf dem Schaumkern erhalten haben. Die Farbpasten, die sich auch untereinander in allen möglichen Nuancen mischen lassen, werden dem Harz einfach untergerührt. Die genauen Mischungsverhältnisse sind der jeweiligen Beschreibung der Hersteller zu entnehmen (meist zwischen 5 und 10 Prozent Pastenzugabe).

Um ein gleichmäßigeres Zerfließen von Epoxyd-Top Coat zu erreichen, das sehr zäh und dickflüssig ist, empfehle ich, dieses vor der Verwendung zu erwärmen. Stellen Sie die Harzdosen oder -flaschen für 20 Minuten in ein ca. 40° warmes Wasserbad. Darüber hinaus ist das Board jeweils kurz nach Beginn eines Trocknungsvorgangs zweimal mit der Faust anzuschlagen – Sie kennen dies schon vom Laminieren – damit das Zerfließen des gelierenden Harzes erneut angeregt wird.

Die Standfläche wird mit Top-Coat eingestrichen...

...und mit Schleifstaub »beschneit«.

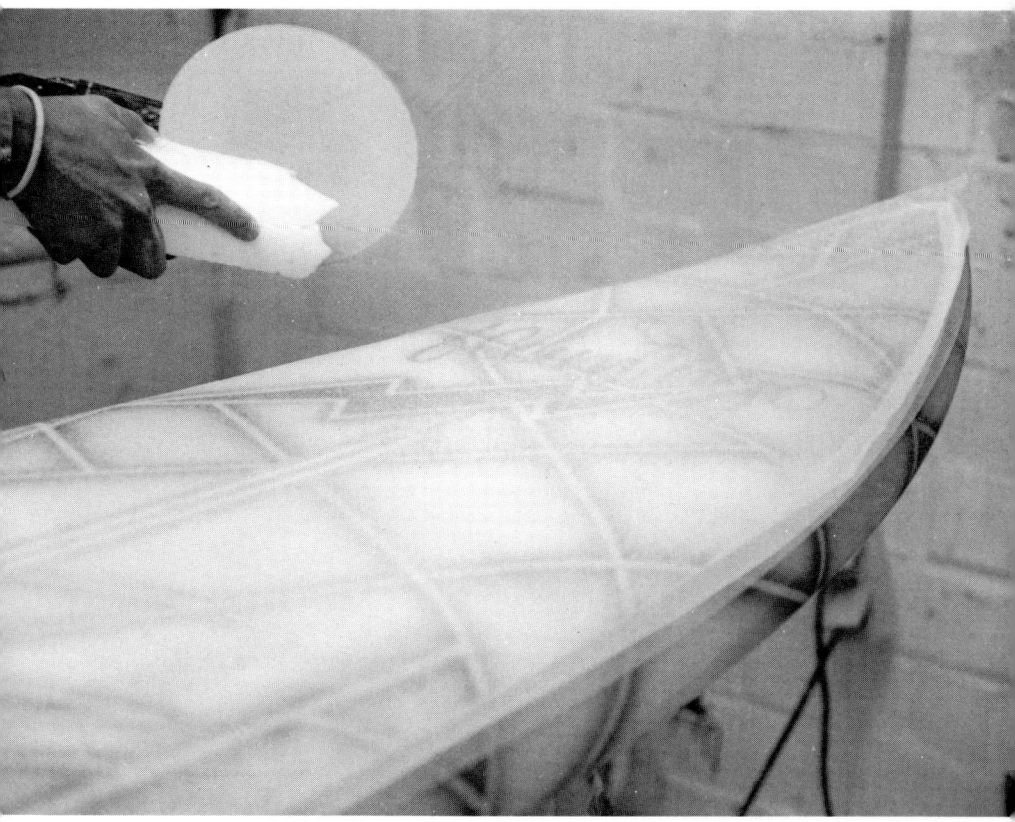

8 Der Einbau der Inserts

A) DIE MASTFUSSSCHIENE

Das Board ist nun im Rohbau fertig. Was noch fehlt sind die Inserts, Fußschlaufen und natürlich der Glanz. Doch dieser soll der krönende Höhepunkt unserer Arbeit werden und wird im letzten Kapitel behandelt.

Betrachten wir zunächst das Bindeglied zwischen Surfbrett und Rigg, das Mastfußsystem. Eine Verbindung aus Finnenkasten amerikanischer Bauart und Powerjoint hat sich als besonders zweckdienlich erwiesen. Es stehen Produkte verschiedener Hersteller zur Verfügung, mit und ohne Möglichkeit der Verstellung des Mastfußes während der Fahrt. Hierzu ist zu sagen, daß grundsätzlich auf die Stabilität des einzelnen Fabrikats geachtet werden sollte. Ein Mastfußsystem, das von dünnen Bügeln gesichert wird und schon im »Trockenzustand« nicht vertrauenerweckend aussieht, hält unter extremen Bedingungen, wie beispielsweise eine Nordseebrandung vor Sylt, zweifelsohne schlechter als ein System, das mit dem Brett bzw. Finnenkasten fest verschraubt wird.

Ein Finnenkasten aus ABS als Mastfußschiene ist die preiswerteste Möglichkeit neben anderen durchaus auch zu empfehlenden Systemen. Sein Einbau ist aber einfacher als z.B. der eines Systems mit Seilzügen. Seine Stabilität hat sich als ausreichend erwiesen; seitliche Holz-Verstärkungen schaden auf keinen Fall, sind aber nicht nötig. Geliefert werden Finnenkästen mittlerweile in fast allen Farben. Wer ausgefallenere Farbnuancen vorzieht, kann seine Kästen auch getrost einfärben, sollte jedoch darauf achten, daß sie anschließend noch Finnen bzw. Powerjoint aufnehmen können. Vom Einbau von Mastfußbuchsen ist abzuraten, da sie fast keine Möglichkeiten zum richtigen Trimm bei verschiedenen Windbedingungen zulassen.

Beginnen wir nun mit dem Einbau. Die Position für die Aussparung der Mastfußschiene wird auf der Oberseite des Brettes aufgezeichnet, indem die Schiene aufgelegt und der Umriß mit einem Bleistift nachgezeichnet wird. Die Schiene muß dabei peinlichst genau in der Mitte plaziert werden, um keine Asymmetrie zu erhalten, die die Fahreigenschaften beeinflussen würde. Der Abstand zwischen der hinteren Kante der Schiene und dem Heck des Brettes sollte ca. 175 cm (190 cm bei Boards mit mehr als 350 cm Länge) betragen, was optimale Trimmeigenschaften verspricht.

Die Laminatschicht wird am besten mit einem Teppichmesser durchschnitten. Diese Arbeit ist kraftaufwendig und muß vorsichig durchgeführt werden, da man dazu neigt, seitlich auf die Klinge des Messers zu drücken, wobei diese sehr leicht abbricht. Um einen möglichst geraden Schnitt zu erhalten, sollte ein Lineal aus Metall angelegt werden. Lineale aus Plastik sind ungeeignet, da sie von der scharfen Klinge des Teppichmessers zerschnitten werden können.

Wurde die Laminatschicht abgehoben, kann der Schaum bis auf die gewünschte Tiefe mit einem Schnittmesser herausgeschnitten werden. Es ist darauf zu achten, daß passend gearbeitet wird, d.h. die Schiene darf, wenn sie zur Probe trocken eingesetzt wird, kein seitliches Spiel haben. Unter keinen Umständen darf die Oberseite der Schiene niedriger sein als die Brettoberfläche. Deshalb ist es ratsam, die Aussparung lieber nicht zu tief auszuheben. Steht die Schiene später über die Boardoberfläche hinaus, läßt sich dies ganz einfach mit dem Surfoam-Hobel oder dem Schleifgerät beseitigen (vorausgesetzt natürlich, es wurde ein Kunststoff-Finnenksten verwand). Am leichtesten läßt sich der Schaum mit einem breiten Schraubenzieher aus dem Brett heraushebeln, wenn mit dem Schnittmesser kleine Schnitte, rechtwinkelig zur Linie Bug-Heck, in den Schaum eingebracht wurden.

Besonders akkurat lassen sich Finnenkästen einpassen, die an ihrer Außenseite flache Seiten aufweisen, und an ihrer Oberseite über spitze Ecken verfügen. Kästen, deren Körper schmaler sind als ihre Oberseite, stellen Ersatzteile für Serienbretter dar und sind für den Custom-Made-Bedarf ungeeignet! Je paßgenauer die Kästen eingesetzt werden, desto mehr seitlichen Druck können sie später einmal aufnehmen. Wer über eine Fräse verfügt, wird bei diesen Arbeiten keine Probleme haben, doch auch die oben beschriebene Methode ist, richtig ausgeführt, einfach und problemlos.

Bevor nun die Mastfußschiene mit Harz eingegossen werden kann, muß rund um die Aussparung mit Tape das Deck abgeklebt werden, damit herausfließendes Harz die Brettoberfläche nicht verschandelt. Zusätzlich sollte ein alter Lappen bereitgelegt werden, mit dem das Harz notfalls abgewischt werden kann.

Aus Glasgewebe werden nun jeweils zwei Stücke ausgeschnitten, deren Ecken eingeschnitten werden. Diese Gewebestücke werden mit einlaminiert und dienen der Stabilität, sowie der besseren Verbindung von (Finnen-)Kasten, Harz und Kern.

Die Mastfußschiene wird seitlich mit grobem Schleifpapier aufgerauht, was die Verbindung mit dem Harz erhöht, und an der Oberseite mit Tape zugeklebt, damit kein Harz hineinlaufen kann. Je nach Größe der einzubauenden Schiene wird ca. ¼ Liter Harz angerührt und mit Thixotropiemittel vermischt, bis ein zäher weißer Brei entsteht. Das Thixotropiemittel bewirkt zum einen, daß das Harzgemisch bei gleicher Masse und gleicher Härte wesentlich leichter wird, und zum anderen, daß das Harz nicht aufkocht und den Board-Kern zerstört. Wer trotz der Verwendung von Thixotropiemittel noch Angst vor dem Aufkochen des Harzes hat, kann seine Inserts bis zur Hälfte mit Wasser füllen, was eine zusätzliche Abfuhr überschüssiger Wärme garantiert.

Sind alle Vorbereitungen für den Einbau getroffen, streicht man zunächst die Schiene mit Harz ein und laminiert sie mit den ausgeschnittenen Gewebestücken. Danach füllt man die Aussparung im Board bis zu einem Drittel mit dem Harzbrei und drückt die Schiene mitsamt dem Gewebe hinein. Bei diesem Vorgang muß unbedingt Harz aus der Aussparung austreten, damit man Gewißheit hat, daß keine hohlen oder trockenen Stellen geblieben sind. Das überfließende Harz sofort abwischen! Ist es erst mal erhärtet, läßt es sich nur noch sehr schwer von der Boardoberfläche entfernen. Auf rechtwinkeligen Einbau ist zu achten, d. h. der Mastfußkasten darf nicht seitlich in seiner Aussparung gekippt sein.

Ist das Harz ausgehärtet, wird das Tape entfernt und die Schiene zunächst mit 60er, später mit 80er und 120er Schleifpapier beigeschliffen bis ein glatter Übergang zwischen Deck und Mastfußkasten entsteht.

B) DIE FINNENKÄSTEN

Finnenkästen werden nach dem gleichen Schema eingebaut wie die Mastfußschiene. Am verbreitetsten ist die Thrusteranordnung mit einer großen Mittelfinne und zwei kleinen Seitenfinnen. Sollte unterwegs einmal eine Finne brechen, sichern die verbleibenden Finnen immer noch die Heimfahrt. Verwendet man jedoch nur eine Mittelfinne, befindet man sich bei deren Bruch in akuter Seenot! Die genauen Positionen variieren bei den verschiedenen Boardtypen. In unserem Fall sind die Positionen aus dem Photo auf Seite 114 zu entnehmen und als eine Art Standart zu betrachten. Werden die äußeren, kleineren Kästen so eingebaut, daß sie auf der Bugseite ca. 1 cm von der Parallelen zur Bug-Heck-Linie zur Boardmitte hin gedreht werden, bewirkt dies einen besseren seitlichen Halt in schnellen Kurven, ohne daß sich dadurch die Geschwindigkeit des Brettes gravierend vermindert. Auf jeden Fall muß man sich vor dem Einbau vergewissern, daß die Einbautiefe nicht größer als die Boarddicke ist. Gegebenenfalls können die Positionen leicht verändert oder flachere Kästen verwendet werden. Auf keinen Fall dürfen aber Finnenkästen benutzt werden, die weniger als 3 cm tief sind. Fundamente für Mittelfinnen, die nicht mindestens 5 cm tief sind, bedürfen der Verstärkung durch den seitlichen Einbau von ca. 1 cm breiten und 5 cm tiefen Sperrholzplatten.

Den rechtwinkligen Einbau der Finnenkästen erzielt man dadurch, daß man die Finnen in die Kästen einsetzt. So ist ein Ausrichten entweder mit dem geschulten Auge oder einem rechten Winkel besonders einfach. Ist der richtige Einbauwinkel einmal gefunden, fixiert man diese Position durch Tapestreifen, wie auf dem Foto auf Seite 117 zu sehen ist. Harzfinger auf den Finnen werden durch Abkleben mit Tape verhindert.

C) DIE ABSCHLEPPÖSE

Auch Abschleppösen (oder Verankerungen für Riggsicherungen) werden nach dem gleichen Prinzip eingebaut. Bei ihrem Kauf muß darauf geachtet werden, daß der Metallstift aus rostfreiem Material gefertigt wurde (z. B. V2A).

D) DER SCHWERTKASTEN

Ich habe bewußt diesen Abschnitt an das Ende des Kapitels gesetzt, da Schwertkästen einige Probleme bergen. Aufgrund ihrer Größe ist ein paßgenauer Einbau recht schwierig. Schwertkästen selbst anzufertigen sollte man tunlichst unterlassen, denn dabei haben auch Custom-Made-Profis erhebliche Schwierigkeiten. Einzig zu empfehlen (und auch nur für Boards ab 330 cm Länge) sind Kästen nach dem »Allgaier-Prinzip«, die fertig im Handel erhältlich sind. Der Einbau läuft dann wieder entsprechend der Finnenkästen ab. Also: Position aufzeichnen, Laminat durchschneiden und den Kern ausschneiden (besser hier ausfräsen) bis zum Boden, gegenüberliegendes Laminat durchschneiden, Glasmatten (jeweils 2) zurechtschneiden und die Aussparung laminieren. Dann die beiden Teile des Kastens von oben bzw. unten einsetzen, solange das Harz noch frisch ist und miteinander verschrauben. Das Schwert einsetzen und das Laminat austrocknen lassen.

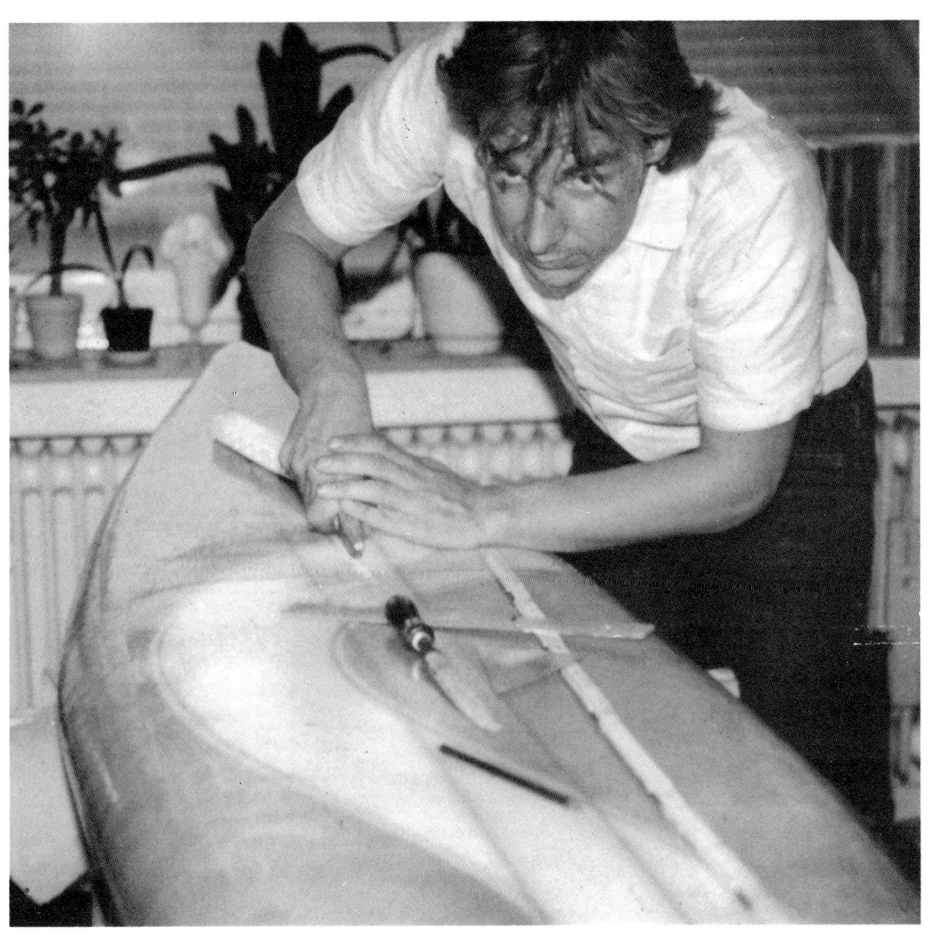

Zum Inserteinbau das Laminat am besten mit einem Teppichmesser durchschneiden.

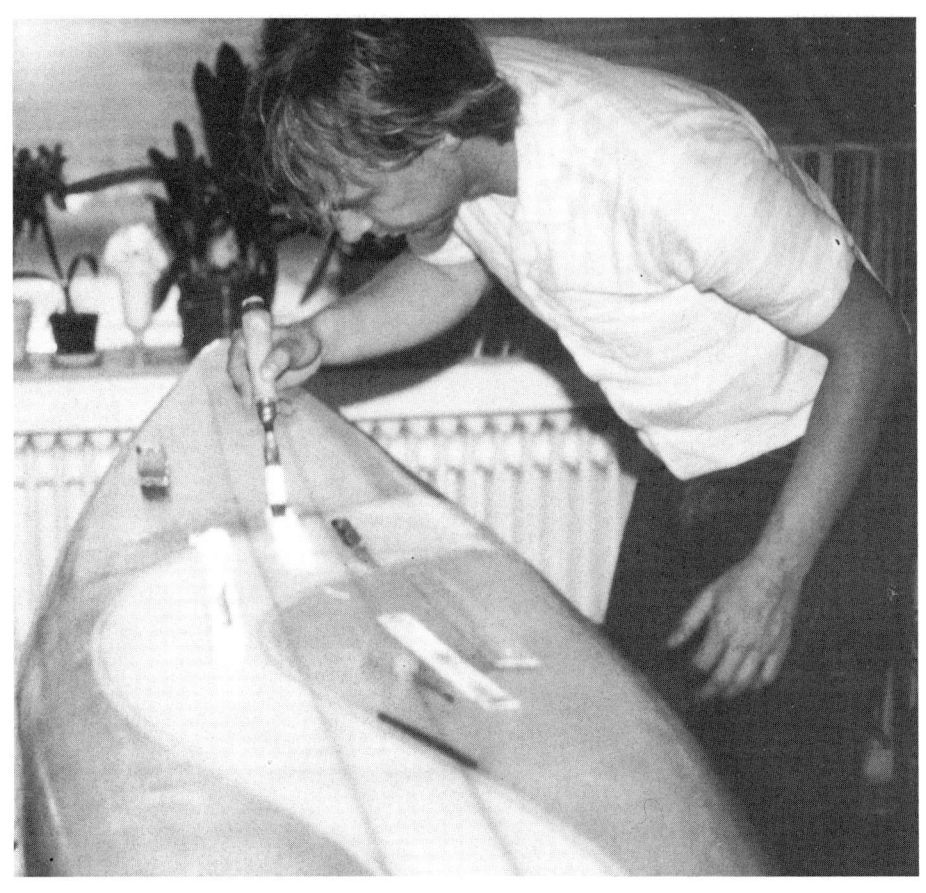

**Der Schaum kann mit einem Schnittmesser herausgehoben werden.
Die gewünschte Schnittiefe ist mit Tapestreifen an der Klinge markiert.**

Beim Eindrücken des Finnenkastens muß unbedingt Harz austreten.

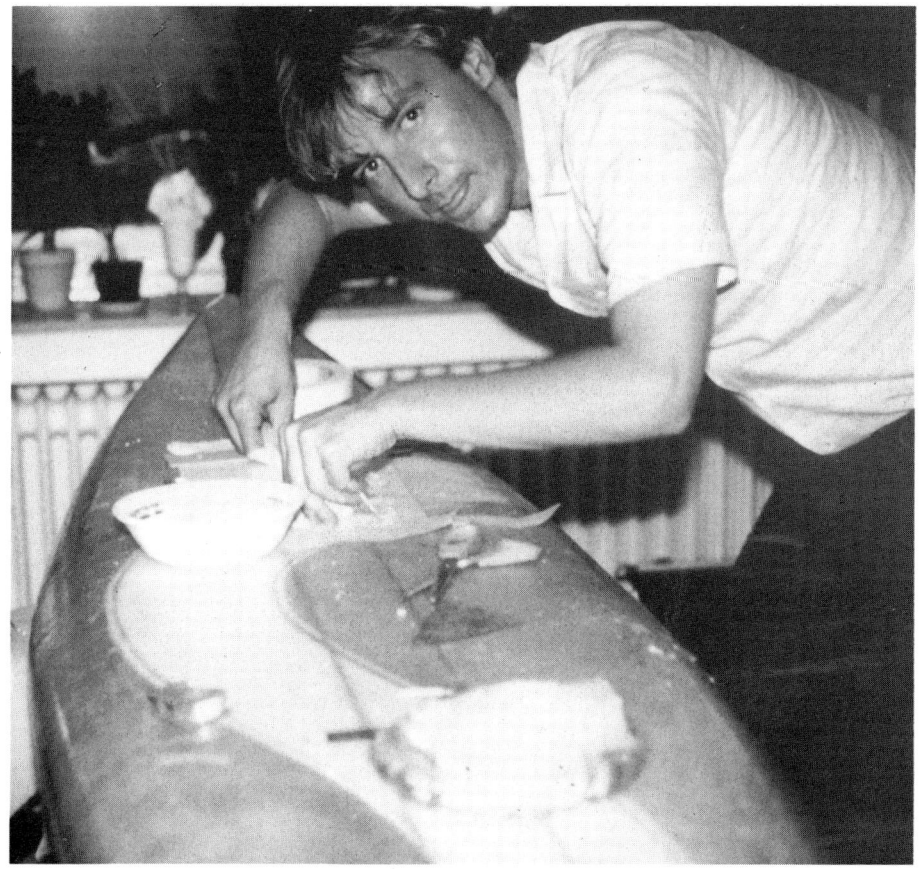

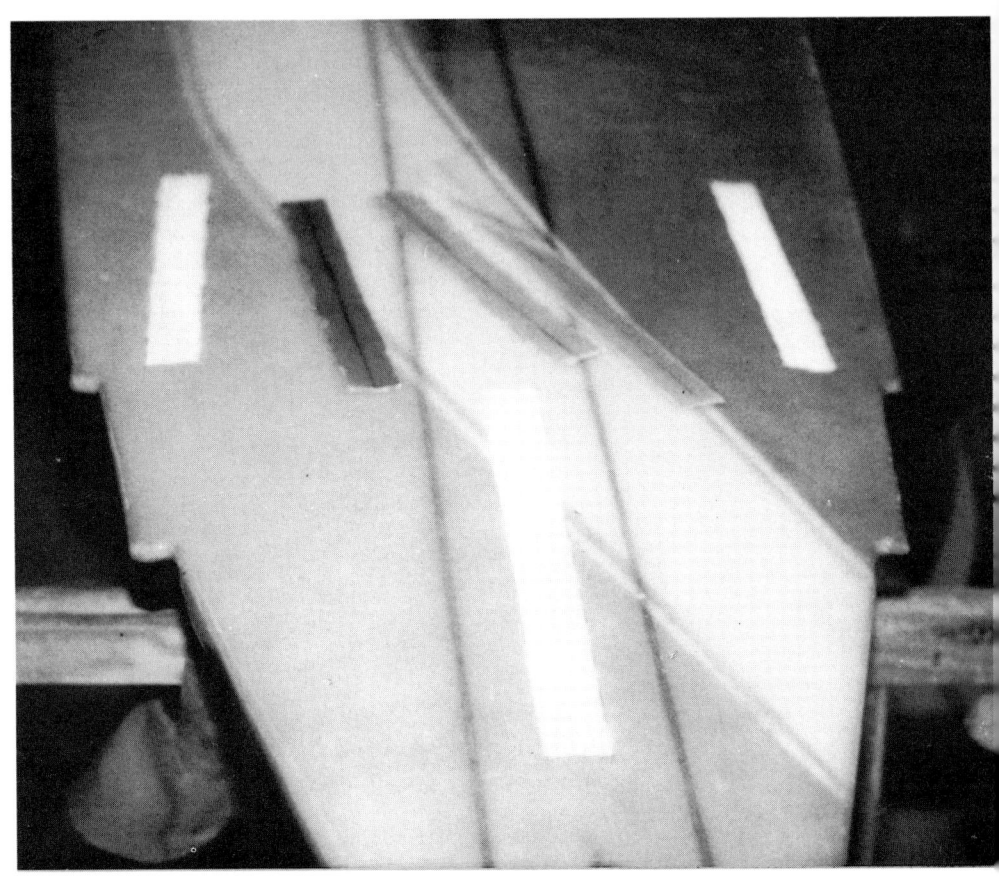

Eine Thruster-Finnenanordnung.

Bei sehr flachen Boards empfiehlt sich der Einbau seitlicher Verstärkungen aus Sperrholz zur Stabilisierung des Mittelfinnenfundaments.

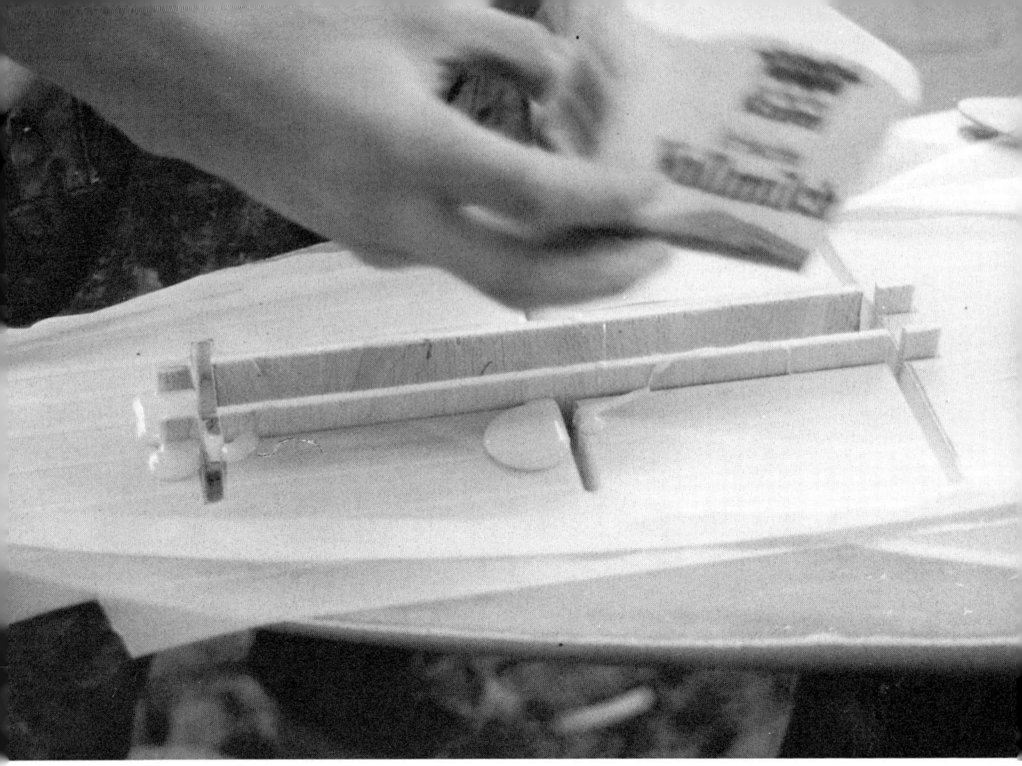
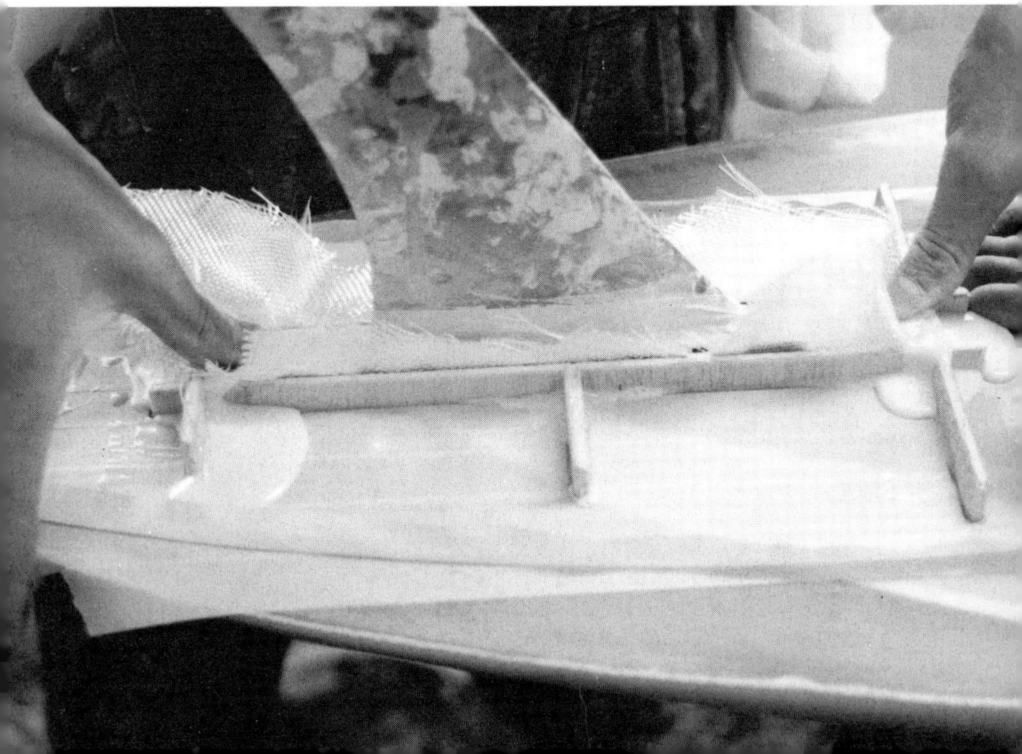

△ Rechtwinklige Fixierung mit Tapestreifen.

Linke Seite oben: Die Aussparung wird zu einem Drittel mit Harz gefüllt.

Linke Seite unten: Der Finnenkasten mit eingesetzter Finne (vor Harzfingern schützen, oder wie hier, alte Finne benutzen) in die Aussparung einsetzen. Auf austretendes Harz achten!

9 Das Glossen

Glanz – einfach glänzend!

Erst jetzt, kurz vor dem Glossen, wird der Blank verschliffen.
Nehmen Sie zuerst 120er, dann 240er und zum Schluß 400er
Naßschleifpapier. Schleifen Sie Deck und Unterwasserschiff mit
der Maschine und die Rails mit der Hand. Ist die Standfläche zu
rauh ausgefallen, wird sie leicht mit Sandpapier entschärft.
Anschließend dürfen Sie den Blank nur noch mit Plastikhandschu-
hen anfassen, weil Fingerabdrücke Fett enthalten, das »Glossing-
Coat« abstößt.

Durch das Glossen erhält Ihr Blank seinen herrlichen Glanz. Je
dünnflüssiger das Glossing-Coat ist, desto besser verläuft es und
desto weniger Material wird verbraucht. Gloss läßt das Board aber
nicht nur glänzen, es macht es auch einen Tick stabiler. Wurde
bisher mit Epoxydharz gearbeitet, ist auf jeden Fall davor zu
warnen, irgendein x-beliebiges Polyester-Gloss zu nehmen, da
unmodifizierte Polyester- und Epoxydharze giftige und unkon-
trollierbare, chemische Reaktionen hervorrufen. Sollte das Board
aber auch bei korrekter Verwendung der geeigneten Epoxydharze
einmal nicht austrocknen oder Tage nach dem vollständigen Aushärten erneut feucht werden, ist dies kein Grund zur Verzweif-
lung. Derlei Überraschungen sind leicht zu beheben. Dazu muß
das Board nur getempert werden, d.h. es wird eine gewisse Zeit
lang über 60° erwärmt. Da nicht jeder gleich über eine Heißluft-
kammer verfügt, gibt es auf dem Markt schwarze Plastikfolien, in
die das klebrige Board eingehüllt werden kann. Die Brettmumie
wird in die Sonne gelegt, wo sie sich aufheizt und bis zu ihrer
vollständigen Aushärtung (einige Stunden) verbleibt.

Geglosst wird der Blank in einem Arbeitsgang. Da die Standfläche nicht mitgestrichen wird – sie soll ja ihre Struktur behalten –, wird das Board mit dem Deck auf das Arbeitsgestell gelegt und die Standfläche abgeklebt. Dann alle Teile wie Unterseite, Rails und nicht abgeklebte Deckbereiche mit flachem Haarpinsel im Kreuzgang streichen. Gloss ist dünn wie Wasser und füllt dadurch auch die winzigsten Unebenheiten, die beim Schleifen übrig geblieben sind.

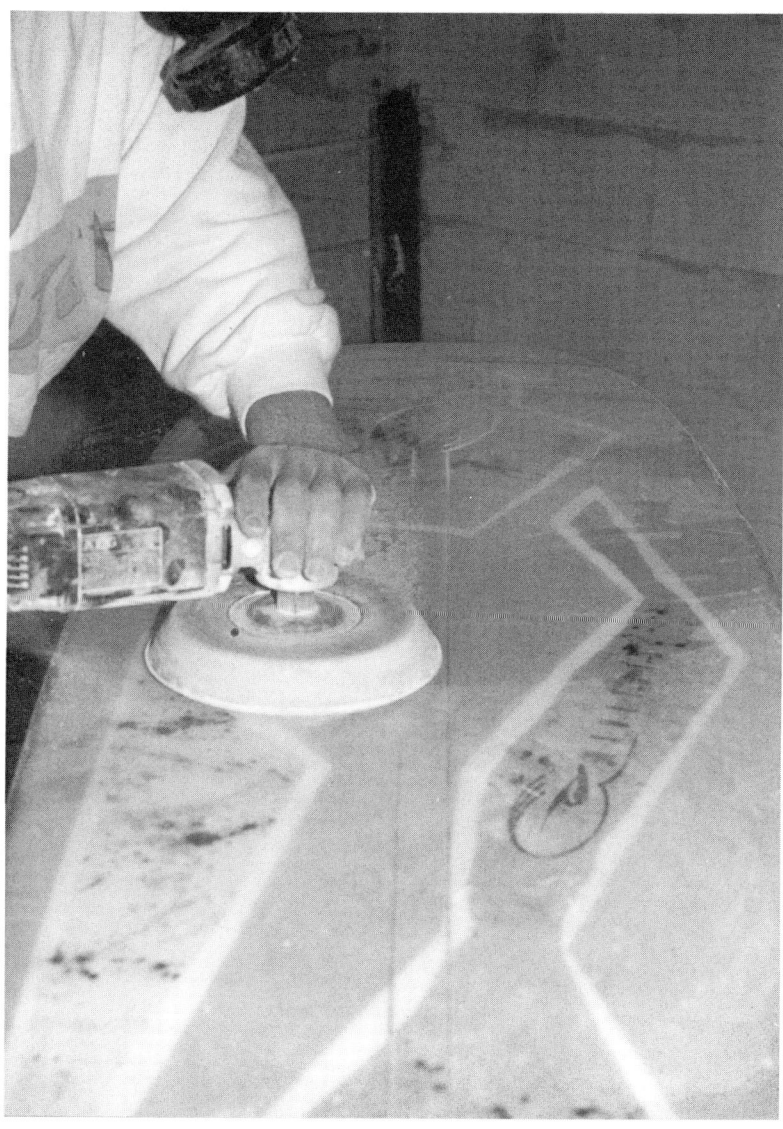

Schleifen des Unterwasserschiffs. Profis verwenden hierzu Winkelschleifer und Power-Pad. Der Heimwerker kommt in der Regel mit Bohrmaschine und Schleifaufsatz besser zurecht.

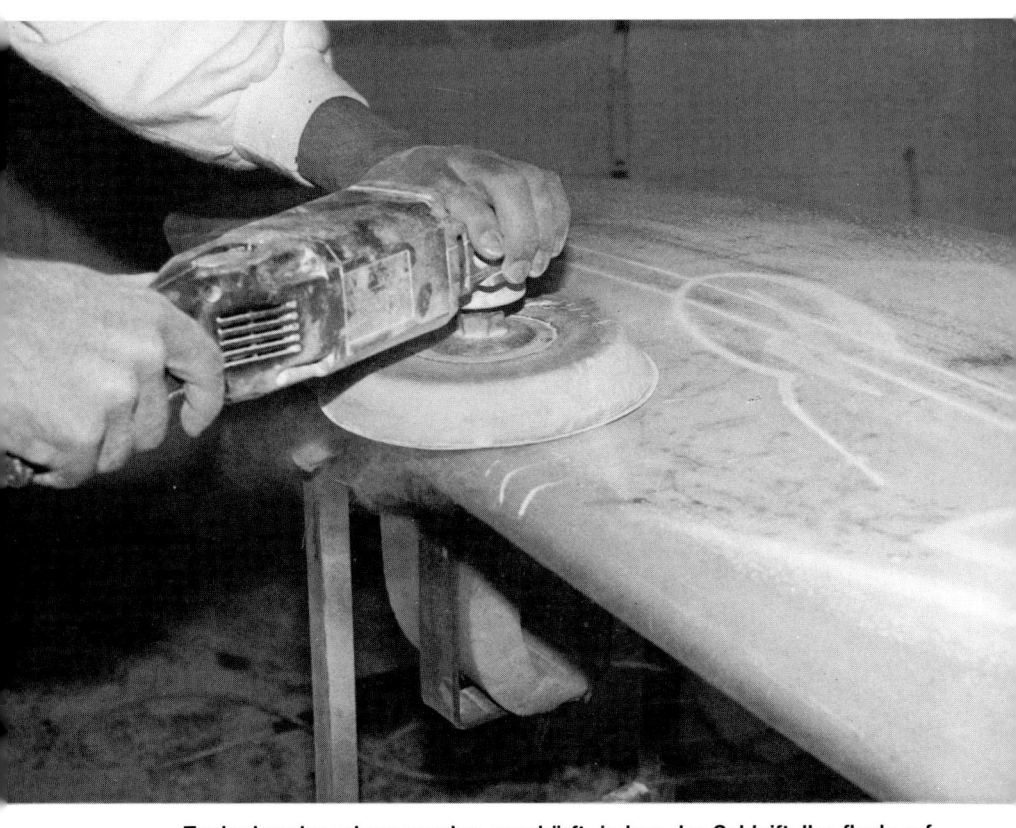

Tucked-under-edges werden geschärft, indem der Schleifteller flach auf das Unterwasserschiff aufgelegt wird.

Anschließend kommt das Deck an die Reihe.

Rails immer mit der Hand bearbeiten!

Durch das Gloss erhält unser Blank seinen herrlichen Glanz.

10 Die Fußschlaufen

Die Wahl der richtigen Fußschlaufen ist in erster Linie eine Sache des Geschmacks. Während die einen auf zweiteilige Schlaufen mit Klettverschluß schwören, die jederzeit in der Größe nachzustellen sind, bevorzugen die anderen einteilige Gurtbänder, die sich auch bei extremsten Nose-Dives nicht öffnen. Wichtig beim Kauf beider ist die möglichst starre Ausführung des Gurtbandes, damit sich die Schlaufen nicht schon auf der Jungfernfahrt platt treten lassen. Hat man sich für ein stabiles Produkt entschieden, gilt es als nächstes eine weiche Ummantelung zu wählen, die die Füße auch beim barfuß surfen schonen. Nicht immer genügen komplette Schlaufen-Sets beiden Ansprüchen, nämlich gleichzeitig fest und bequem zu sein. Gegebenenfalls sind die diversen Fabrikate aber kombinierbar. Da Fußschlaufen heutzutage in allen nur denkbaren Farbschattierungen erhältlich sind, lassen sie sich optimal ins Gesamtdesign des Custom-Mades integrieren. Die Kosten für Schlaufen liegen zwischen 12–35 DM, was vor allem bei längeren Boards, wenn 6–10 Schlaufen montiert werden sollen, einen nicht zu vernachlässigenden Aspekt darstellt. Einige Anbieter des Custom-Made-Handels liefern ihre Kits ohne Mehrpreis inklusive Fußschlaufen. Achten Sie auf solche Angebote! Ein Hundertmarkschein ist hier leicht gespart.

Die Montage der Schlaufen (egal ob ein- oder zweiteilig) kann prinzipiell nach zwei verschiedenen Methoden erfolgen: 1.) Die Gurtbänder werden ähnlich wie Inserts einlaminiert oder 2.) Die Bänder werden mit Schrauben in speziell einlaminierten Plugs (Dübel) befestigt.

Die Laminiermethode scheint mir nicht sinnvoll zu sein, denn sie schließt ein Austauschen von plattgetretenen Bändern aus. Angeschraubte Schlaufen können dagegen jederzeit ausgewechselt werden. Es sind mittlerweise Plugs erhältlich, deren Belastbarkeit der eines einlaminierten Gurtbandes in nichts nachsteht. Wählen

Sie Schlaufendübel von 10 mm Stärke und 5 cm Länge mit Schraubgewinde. Sie sind die stabilsten und haben meistens eine Nut an ihrer Oberseite, was zusätzlich Stabilität bringt. Da sie nur im Gewindeteil hohl sind, kann man sie jederzeit kürzen, falls dies erforderlich werden sollte. Der Stückpreis für diese Art von Dübel sollte 2 DM (inklusive Schraube) nicht übersteigen. Pro Schlaufe werden vier Dübel benötigt, jeweils zwei an jedem Ende.

Wenn Sie noch keine Erfahrung mit der Benutzung von Fußschlaufen haben und sich über ihre Positionierung nicht im klaren sein sollten, ist es ratsam, mit der Montage die ersten Fahrversuche mit Ihrem neuen Brett abzuwarten. Eine genaue Positionsangabe ist an dieser Stelle nicht möglich, da sie von der Länge und der Volumenverteilung des jeweiligen Bretts, sowie von dem Gewicht und den Gewohnheiten des Surfers abhängt. Während die Schlaufen früher oft relativ weit hinten montiert wurden, tendieren die meisten Surfer heute dazu, ihre Standposition näher zur Boardmitte zu verlagern. Auch der Anstellwinkel der vorderen Fußschlaufen kann zwischen 40 und 60 Grad variieren, bei Raceboards, mit denen man gerne Höhe laufen will, wird das erste Schlaufenpaar in der Regel parallel zur Boardmitte montiert. Die gängigste Schlaufenanordnung ist derzeit bei Boards bis etwa drei Meter Länge die mit einem vorderen schrägen Schlaufenpaar und einer hinteren Doppelschlaufe in der Boardmitte. Probieren Sie doch einfach verschiedene Positionen aus, indem Sie sich beim Surfen grob diejenigen Stellen auf dem Deck merken, an denen ihre Füße stehen. Markieren Sie diese Positionen mit Tapestreifen und korrigieren Sie sie nach weiteren Fahrversuchen. Erst wenn Sie »Ihre« Schlaufenanordnung gefunden haben, begeben Sie sich an die Montage.

Dazu wählen Sie einen Bohrer, dessen Stärke den Plugs entspricht. Markieren Sie die Bohrtiefe mit Tapestreifen oder Bleistift. Bohren Sie die Löcher für die Plugs absolut rechtwinklig aus. Der Abstand der jeweiligen Dübelpaare hängt ab von der Breite des Gurtbandes (ca. 3 cm). Die Länge der Schlaufen sollte so gewählt werden, daß die Füße beim Hineinsteigen am Spann gehalten werden. Finden nur die Zehen Platz, wird man oft vergebens Halt suchen. Reicht der ganze Fuß in die Schlaufe, kann man bei Stürzen leicht am Board hängen bleiben und sich die Sprunggelenke verletzen. Die Plugs sollten Sie mit Sandpapier anschleifen und die Schraubgewinde mit Wachstropfen einer Kerze vor dem Hineinlaufen des Harzes schützen. Mischen Sie ein wenig Harz an (je nach Anzahl der Löcher werden nicht mehr als 100–200 Gramm Harz zum einlaminieren gebraucht, das auch wieder mit Thixotropiemittel angedickt werden kann) und gießen Sie die Löcher zu einem Drittel aus. Stecken Sie sofort die Dübel hinein, sodaß das Harz aus den Ritzen austritt. Ein vorheriges Abkleben des Decks ist nicht nötig, da die Schlaufen ja im Bereich der strukturierten Standfläche befestigt werden. Das austretende Harz ist leicht mit einem Tuch abzuwischen und hinterläßt, da es sich ohnehin nur um kleinste Mengen handelt, keinerlei Spuren. Verwenden Sie Plugs mit Nut, so sind diese in die Löcher zu stecken und mit einem Hammer dosiert einzuschlagen. Legen Sie hierzu einen Lappen über die Schlagstelle, damit das Harz nicht über das ganze Board spritzt.

Nach dem Aushärten bohren Sie die Plugöffnungen, falls sie mit einer Harzschicht überzogen sind, mit einem dünnen Bohrer (2 mm) auf und entfernen das Wachs. Durchbohren Sie nun die Gurtbänder für die Schraubenaufnahme entsprechend dem Abstand der Dübelpaare. Bevor Sie die Bänder anschrauben, vergessen Sie bei einteiligen Schlaufen nicht, die Ummantelung aufzuziehen. Danach die Bänder anschrauben. Den besten Stand der Schlaufen garantieren übrigens Unterlegscheiben aus Plastik, die einteilig über beide Löcher reichen. Sie verhindern neben dem Aufreißen der Gurtlöcher an den Schrauben, auch ein seitliches Wegkippen der Schlaufen.

11 Das Polieren

Lieber Leser, es ist fast soweit. Der Countdown läuft! Unser handgefertigtes Edelboard schwimmt, ist komplett ausgestattet und glänzt. Doch halt! Sagte ich, es glänzt? Ja, es glänzt tatsächlich schon, doch Custom-Made Puristen wird dieser etwas schleierig wirkende Glanz noch nicht ausreichen. Der special-touch, das Tüpfelchen auf dem i, das absolut Besondere, das was ein Custom-Made einzigartig macht, der Hochglanz eben, läßt erst das Herz eines jeden Surffreundes höher schlagen. Ihm wenden wir uns nun zu.

Schleifen Sie zunächst das Board (Standfläche ausgenommen) mit viel Wasser und einem Schwabbelaufsatz für die Bohrmaschine bzw. Winkelschleifer. Verwenden Sie hierzu Schleifpaste aus dem Autozubehörhandel, die Sie einfach auf die Schwabbelscheibe auftragen. Sie verteilt sich auf dem Board von selbst. Rails – hier hat man schon mal leichte Probleme mit dem Andrücken der Scheibe – werden mit 400er und 600er Papier bearbeitet. Erfühlen Sie laufend das Schleifresultat und spülen Sie regelmäßig das Board von Schleifstaub ab.

Im letzten Arbeitsgang wird für die Bohrmaschine (Winkelschleifer) ein Polieraufsatz aus Fell benötigt. Gehen Sie noch einmal mit der Maschine über das ganze Board und tragen Sie reichlich Autopolitur auf. Das Resultat wird Sie überwältigen!

Verfügen Sie nicht über Polier- und Schwabbelscheibe und scheuen Sie deren Anschaffung, so sind übrigens alle Polierarbeiten auch mit der Hand durchzuführen. Schleifen Sie hierbei zuerst mit 400er, dann mit 600er Naßschleifpapier, das Sie auf einen weichem Schleifklotz aufziehen. Gehen Sie danach mit Lappen und Schleifpaste und abschließend mit einem weichen Lappen und Autopolitur ans Werk. Doch seien Sie gewarnt! Polieren mit der Hand ist anstrengend und schweißtreibend. Am folgenden Tag kann sich beim Untrainierten schon einmal ein kräftiger Muskelkater in Händen und Armen bemerkbar machen. Von alledem werden Sie natürlich nie etwas spüren, wenn Sie elektrisch schleifen bzw. polieren.

Und nun das Allerwichtigste, lieber Leser, – zurücklehnen und stolz sein – Sie sind fertig!

Viel Spaß beim Surfen wünscht Ihnen   *Ihr Autor*

Mit viel Wasser
und einem
Schwabbelaufsatz
wird das Board
feingeschliffen.

Autopolitur und
Fellscheibe brin-
gen den Blank im
Nu auf Hochglanz.

133

Anhang

CUSTOM-MADE VERSANDFIRMEN:

Bacuplast
Grünenplatzstraße 16–18
5630 Remscheid
Telefon (02191) 54742

Delbatros Windsurfing
Berghoferstraße 69
4600 Dortmund 30
Telefon (0231) 487259

Speed-Sports · Birger Engel
Elisabethenstraße 43
6100 Darmstadt
Telefon (06151) 20311

Flamingo Windsurfing
Ernststraße 41
4300 Essen 1
Telefon (0201) 593563

Funboard-Center-Plön
Stadtgraben 18
2320 Plön
Telefon (04522) 1360

Joy
Schiffbeker Weg 163
2000 Hamburg 74
Telefon (040) 7331524

Lindauer Surf Design, Schmiß KG
Lagerhausstraße 5
8990 Lindau
Telefon (08382) 72428

Peter's Funboard Corner
Walkmühle
6200 Wiesbaden
Telefon (06121) 407419

R & G Flüssigkunststoffe
Bonholstraße 18
7035 Waldenbuch
Telefon (07157) 8499

Schaupp Fiberglas GmbH
Faulstiegstraße 19
8783 Hammelburg
Telefon (09732) 4466

Schley Sportartikel
Spichernstraße 11
3000 Hannover 1
Telefon (0511) 344899

Surf Arts
Lämmerspieler Straße 6
6052 Mühlheim
Telefon (06108) 72974

Surf Pott
Sanddornweg 1
5010 Bergheim
Telefon (022 71) 4 1058

Surf Unlimited
Adolf-Friedrich-Straße 2
5210 Troisdorf
Telefon: (022 41) 7 1950

Surf Rolle
Hoherordskopfstraße 56
6000 Frankfurt
Telefon (069) 5 482168

Surfcenter Rosenheim
Surfer's Paradise
Georg-Aicher-Straße 30
8200 Rosenheim
Telefon (0 8031) 4 1404

Surfservice Bochum
Freiligrathstraße 50
4630 Bochum
Telefon (0234) 58 0430

Surf-Ing
Wermelingstraße 24
4400 Münster
Telefon (0251) 2 6777

Surf & Sports
Goethestraße 10
7440 Nürtingen
Telefon (0 7022) 5 4246

Surf Vibrations
Regentenstraße 54
4050 Mönchengladbach
Telefon (021 61)1 2960

Surf Stadl Wörthsee
Am Bacherl 5
8031 Wörthsee/Steinebach
Telefon: (0 8153) 73 06

WS-Surf-Sport
Seeblickstraße 10
7700 Singen 15
Telefon (0 7731) 2 2110

Keine Garantie für Richtigkeit und Vollständigkeit!